STARK

Grundwortschatz

Französisch-KOMPAKT

STARK

Autor: Werner Wußler

© 2024 STARK Verlag GmbH, St.-Martin-Straße 82, 81541 München
www.stark-verlag.de

Inhalt

Autor: Werner Wußler

Abkürzungsverzeichnis

adj. adjectif (Adjektiv)
adv. adverbe (Adverb)
fam familier (umgangssprachlich)
f féminin (weiblich)
m masculin (männlich)
pl pluriel (Plural)
qc quelque chose (etwas)
qn quelqu'un (jemanden)
à qn à quelqu'un (jemandem)

allg. allgemein
dt. deutsch
etw. etwas
intr. intransitiv [ohne Zusatz eines Akkusativobjekts]
jdn. jemanden
jdm. jemandem

Vorwort

Liebe Schülerin, lieber Schüler,

dieser Band enthält die etwa 1 500 wichtigsten französischen Wörter.

- Die **Vokabeln** sind nach **Themen** geordnet, die wiederum in sich gegliedert sind. So hast du übersichtliche und nicht zu umfangreiche Wortfelder. Außerdem bietet sich dir so die Möglichkeit, genau den Themenbereich zu lernen oder zu wiederholen, der dich interessiert oder den ihr im Unterricht gerade behandelt.
- Zu allen französischen Wörtern findest du die entsprechende **deutsche Übersetzung** sowie einen einfachen **französischen Beispielsatz**, der dir eine mögliche Verwendung aufzeigt.
- Am Ende des Buches steht eine **alphabetische Liste des Grundwortschatzes**, in der du gezielt nachschlagen kannst. Natürlich kannst du mit dieser Liste auch lernen, da hier ebenfalls neben den französischen Wörtern die deutsche Übersetzung steht.
- Zusätzlich zum gedruckten Buch stehen dir alle Vokabeln auch als digitale Lernkarten zur Verfügung: In der **Web-App „MindCards“** kannst du die Vokabeln z. B. auf deinem Smartphone lernen und dir auch die Aussprache der Vokabeln und die Beispielsätze anhören. Näheres zu den MindCards findest du auf der folgenden Seite unter „Hinweise zu den digitalen Inhalten.

Das Buch eignet sich sowohl zum **Wiederholen** als auch zum **Erlernen** von Wörtern. Es macht nichts, wenn du noch nicht alle Wörter, die in diesem Band enthalten sind, im Unterricht gelernt hast, denn sicher wirst du sie trotzdem bald gebrauchen können. Nimm dir immer kleine Abschnitte oder Kapitel vor und gehe erst weiter, wenn du dir diese Wörter gut eingeprägt hast.

Damit du dich auf die Bedeutung der Wörter konzentrieren kannst, wurde in dem gesamten Band die seit einigen Jahren empfohlene französische Rechtschreibung *(orthographe recommandée)* angewandt. Sie erleichtert vor allem das Schreiben der Zahlen und erlaubt in den meisten Fällen den Verzicht des Zirkumflex (^) auf dem i und dem u.

Viel Spaß beim Erweitern und Auffrischen deines Wortschatzes!

W. Wußler

Werner Wußler

Hinweise zu den digitalen Inhalten

MindCards – digitale Lernkarten mit Hörbeispielen

Alle Vokabeln aus diesem Band kannst du mit deinem Smartphone oder Tablet abrufen. Mit den digitalen Lernkarten in der Web-App MindCards hast du deinen **mobilen Karteikasten** immer mit dabei.
Hördateien zu jedem Wort und Beispielsatz helfen dir bei der richtigen Aussprache der Vokabeln.
Die MindCards können direkt im Browser geöffnet werden, es ist keine Installation über einen App-Store erforderlich. Scanne einfach den nebenstehenden QR-Code oder tippe den folgenden Link ein:
https://www.stark-verlag.de/mindcards/945012D

Und so arbeitest du mit den MindCards:

- Wähle eines oder mehrere **(Teil-)Kapitel** aus, die du bearbeiten möchtest.
- Tippe dann auf **„alle Karten laden“**, um die Bearbeitung zu starten.
- Über den **Audio-Button** auf den Lernkarten kannst du die richtige Aussprache der französischen Begriffe anhören.
- Durch Tippen auf den Screen kannst du die Karte umdrehen, um dir die **Übersetzung** anzeigen zu lassen.
- Wenn du das Wort schon **sicher beherrschst**, tippe auf das Häkchen. Wenn du es **noch nicht gewusst** hast, tippe auf das X.
- Die Vokabelkarten werden dann in verschiedenen **„Stapeln“** abgelegt, sodass du z. B. alle Wörter, die du noch nicht gekonnt hast, noch einmal wiederholen kannst.

Video „Strategien zum Vokabellernen"

Über den folgenden QR-Code oder Link kannst du dir ein Video mit vielen nützlichen Tipps zum Vokabellernen ansehen:

http://qrcode.stark-verlag.de/vokabellernen-franzoesisch

Im Hinblick auf eine eventuelle Begrenzung des Datenvolumens wird empfohlen, dass du dich bei der Nutzung der digitalen Inhalte im WLAN befindest.

L'être humain – Mensch

1 L'homme, la femme, … – Mann, Frau, …

vocabulaire	dt. Bedeutung	phrase française
le bébé	*Baby*	Ma mère attend un bébé.
l'enfant [m/f]	*Kind*	Ma petite sœur était une enfant terrible.
l'adolescent, e [m/f]	*Jugendliche*r*	On dit souvent « un ado », mais on écrirait plutôt « un adolescent ».
l'adulte [m/f]	*Erwachsene*r*	Les adultes ne sont pas toujours de bons exemples pour les jeunes.
la (jeune) fille	*Mädchen*	En français familier, on dit souvent « gamins » et « gosses » quand on parle de filles et garçons.
le garçon	*Junge*	
la femme	*Frau*	C'est la femme de ma vie.
l'homme [m]	*Mann*	Tu as vu cet homme ?
l'âge [m]	*Alter*	Tu as quel âge ? – J'ai quatorze ans.
jeune	*jung*	Il est le plus jeune des deux.
âgé, e	*alt*	Il y a de plus en plus de personnes âgées dans notre société.
être né, e	*geboren sein*	Quand est-ce que tu es né ? – Je suis né le dix-huit février.
être mort, e	*tot sein, sterben*	Elle est morte le 1er décembre.
le nom	*Name*	Il a réservé une chambre à deux lits au nom de Morin.
le prénom	*Vorname*	« Tom » est le diminutif du prénom « Thomas ».
s'appeler	*heißen*	Elle s'appelle Marylène.

2 *Le corps* – Körper

vocabulaire	dt. Bedeutung	phrase française
le corps	*Körper*	Faire de la gymnastique est bon pour le corps.
la peau	*Haut*	La peau de Yanis est très douce.
le sang	*Blut*	Qu'est-ce qui s'est passé ? Tu as du sang sur ton pantalon.
la tête	*Kopf*	Elle tourne la tête pour voir si quelqu'un la suit.
l'œil [m], les yeux	*Auge, Augen*	Cette nuit je n'ai pas fermé l'œil. C'était une nuit blanche.
le nez	*Nase*	Pendant le dernier match de foot, je me suis cassé le nez.
la bouche	*Mund*	Le dentiste me demande d'ouvrir la bouche.
la dent	*Zahn*	Ta dent te fait mal ? Va chez le dentiste.
l'oreille [f]	*Ohr*	Tu fais trop de bruit, tu me casses les oreilles.
le cou	*Hals [außen]*	La girafe a un long cou.
la gorge	*Hals [innen], Gurgel*	Depuis des jours, il a mal à la gorge.
les cheveux [m/pl]	*Haare*	Ma sœur porte les cheveux longs.
le bras	*Arm*	Il la prend dans ses bras.
la main	*Hand*	« Haut les mains ! » a dit le bandit.
le doigt	*Finger*	On ne montre pas du doigt à une personne.
le cœur	*Herz*	Ce cadeau vient du cœur.
le ventre	*Bauch*	Anne a mal au ventre.
le dos	*Rücken*	Comment est-ce que tu dors ? Sur le dos ou sur le ventre ?
la jambe	*Bein*	Il a une jambe cassée.
le genou, x	*Knie*	Elle prend son fils sur ses genoux.
le pied	*Fuß*	Ils ont marché six kilomètres à pied.

vocabulaire	dt. Bedeutung	phrase française
la taille	*Größe*	Quelle est ta taille?
grand, e **petit, e**	*groß* *klein*	Avec ses 1,95 m, il est très grand. Sa sœur est plutôt petite.
gros, se **mince**	*dick* *dünn*	Il y a de plus en plus d'enfants gros. À mon avis, elle est trop mince. Elle devrait manger plus.

3 *Les sens* – Sinne

vocabulaire	dt. Bedeutung	phrase française
sentir	*fühlen,* *riechen*	Tu sens l'air frais? Ces roses sentent bon.
avoir un gout	*schmecken*	Le jus d'orange a un gout bizarre. Le jus de pomme, par contre, a un bon gout.
voir	*sehen*	Tu as vu la drôle de voiture qui vient de passer?
regarder qc/qn	*etw./jdn. anschauen*	Il me regarde toujours, ça m'énerve.
entendre **écouter**	*hören* *zuhören*	Vous m'entendez? Écoute ce que je te dis.

4 *Le mouvement* – Bewegung

vocabulaire	dt. Bedeutung	phrase française
bouger	*sich bewegen*	Le cycliste est tombé et ne bougeait plus.
aller	*gehen, fahren*	Moi, je vais à pied à l'école, mon meilleur ami prend son vélo.
marcher **courir**	*gehen, wandern* *laufen, rennen*	Il a marché pendant des heures. Il était en retard et voilà pourquoi il a couru à la gare.
grimper	*klettern*	Ce chemin n'est pas facile, il faut grimper de temps en temps.

vocabulaire	dt. Bedeutung	phrase française
monter	*hinaufgehen, -kommen*	Pour aller au 1er étage il faut monter l'escalier.
descendre	*hinuntergehen, -kommen*	Descendez, les enfants.
suivre	*folgen*	Si tu suis cette route, tu vas arriver juste au bord du lac.
danser	*tanzen*	Ils vont danser dans une boite.
sauter	*(über-)springen*	Alex a sauté plus de cinq mètres.
tomber	*fallen*	Il est tombé dans l'escalier.
jeter	*werfen*	Jette le ballon le plus loin possible.
nager	*schwimmen*	Tu aimes nager dans la mer?
plonger	*tauchen*	Ici, on peut plonger jusqu'au fond de la mer.
porter	*tragen, bringen*	Est-ce que tu pourrais porter ça dans ma chambre, s'il te plait?
apporter qc à qn	*jdm. etw. bringen*	Le Père Noël m'a apporté un nouvel ordinateur.
emporter qc	*etw. mitnehmen*	On ne peut pas emporter tout ce qu'on trouve dans la nature.
donner	*geben*	Donne-moi ton assiette.
mettre	*legen, setzen, stellen*	Mets tes mains sur la table quand tu manges.
poser	*legen, setzen, stellen*	J'ai posé ton pyjama sur le lit.
montrer	*zeigen*	Est-ce que tu pourrais me montrer tes devoirs?

5 *La santé* – Gesundheit

vocabulaire	dt. Bedeutung	phrase française
la santé	*Gesundheit*	Une pomme par jour, c'est bon pour la santé.
la vie	*Leben*	Après cet accident terrible, c'est un miracle qu'elle soit encore en vie.
vivre	*leben*	Je vis, donc je suis.

vocabulaire	dt. Bedeutung	phrase française
la maladie **malade**	*Krankheit* *krank*	Elle souffre d'une maladie grave. Elle ne peut pas venir parce qu'elle est tombée malade.
se sentir	*sich fühlen*	Hier, je me suis senti très mal. Mais aujourd'hui, je me sens mieux.
aller bien **aller mal**	*gut gehen* *schlecht gehen*	Quand on est en bonne santé, ça va bien. Quand on est malade, ça va mal.
la douleur	*Schmerz*	Il a eu la douleur de perdre sa mère.
avoir mal **faire mal**	*Schmerzen haben* *weh tun*	Hier, j'ai eu mal au ventre. Arrête, ça fait mal !
être enrhumé, e	*erkältet sein*	Je suis enrhumé.
la fièvre	*Fieber*	Quand la température du corps est trop élevée, on a de la fièvre.
se casser qc **être blessé, e**	*sich etw. brechen* *verletzt sein*	Elle s'est cassé la jambe gauche. Il est blessé au pied.
faire venir qn **aller chercher qn/qc**	*jdn. kommen lassen* *jdn./etw. holen*	On va faire venir le docteur. Nous sommes allés chercher le docteur.
l'hôpital, -aux [m]	*Krankenhaus*	Il est à l'hôpital depuis deux jours.
le/la médecin	*Arzt, Ärztin*	Je ne me sens pas bien. Je vais aller chez le médecin.
le/la docteur, e **l'infirmier, ière [m/f]**	*Doktor*in* *Krankenpfleger, Krankenschwester*	Un docteur est un médecin. Les infirmiers et infirmières s'occupent des malades à l'hôpital.
la pharmacie **le médicament**	*Apotheke* *Medikament, Arzneimittel*	Une pharmacie est un magasin où on vend des médicaments.
soigner	*heilen, pflegen*	La (femme) médecin qui me soignait était très compétente.

6 *Les qualités* – Eigenschaften

vocabulaire	dt. Bedeutung	phrase française
sympa(thique)	*sympathisch*	Nos voisins sont très sympas.
agréable	*angenehm*	Julien est un garçon agréable.
gentil, le	*nett*	Oh merci, vous êtes trop gentil !
cordial, e, -aux	*herzlich*	Ils m'ont fait un accueil cordial.
patient, e	*geduldig*	Ce prof est vraiment patient.
impatient, e	*ungeduldig*	Je n'ai jamais vu une personne si impatiente.
sérieux, -se	*ernst*	Pourquoi es-tu si sérieux ?
sévère	*streng*	Mme Garin, la professeure de mon cousin, est sévère mais juste.
curieux, -se	*neugierig*	Quelqu'un qui se mêle des affaires de tout le monde est curieux.
courageux, -se	*mutig*	C'est un jeune homme courageux. Il a sauvé un petit garçon qui était en grand danger.
timide	*schüchtern*	Il n'ose pas parler aux filles, il est trop timide.
triste	*traurig*	Je ne suis pas triste mais sérieux.
prudent, e	*klug, vorsichtig*	Sois prudent quand tu prends ton vélo pour aller à l'école.
imprudent, e	*unvorsichtig*	C'est imprudent ce que tu fais.
capable	*fähig*	Il est capable de faire un marathon.
intelligent, e	*intelligent*	Cette fille est très intelligente.
bête	*dumm, blöd*	Mais non, c'est bête !
bizarre	*seltsam, eigenartig*	Nicole a parfois des idées bizarres.
fou, folle	*verrückt*	Qu'est-ce que tu fais, là ? Tu es folle ?
méchant, e	*bösartig, bissig*	Attention, chien méchant.

7 *La vie sentimentale* – Gefühlsleben

vocabulaire	dt. Bedeutung	phrase française
le sentiment	*Gefühl*	Je me sens bien quand il est là. C'est un bon sentiment.
content, e de	*froh, zufrieden*	Je suis très contente de ton succès.
heureux, -se	*glücklich*	Ils sont un couple heureux.
malheureux, -se	*unglücklich*	Pourquoi es-tu si malheureuse?
le bonheur	*Glück [Gefühl]*	Tout le monde est à la recherche du bonheur.
le malheur	*Unglück*	Il nous est arrivé un malheur.
la chance	*Glück [Zufall]*	Il perd toujours. Il n'a pas de chance.
avoir envie de faire qc	*Lust haben, etw. zu tun*	Tu as envie de nous accompagner au cinéma?
aimer faire qc	*etw. gerne tun*	Vous aimez faire de la musique? – J'aime mieux faire de la peinture.
adorer faire qc	*etw. sehr gerne machen*	Luc adore faire du sport.
préférer qc	*etw. bevorzugen, lieber mögen*	Est-ce que vous préférez des fruits ou du fromage comme dessert?
désirer	*wünschen*	Qu'est-ce que vous désirez, messieurs dames?
plaire à qn	*jdm. gefallen*	Regarde, ces chaussures-là me plaisent vraiment.
le plaisir	*Freude, Vergnügen*	Si tu jouais du piano, ça me ferait plaisir.
admirer	*bewundern*	J'admire les gens qui n'ont peur de rien.
l'impression [f]	*Eindruck*	J'ai l'impression que vous êtes fâché.
impressionnant, e	*beeindruckend*	Avec une hauteur de 4 807 mètres, le Mont Blanc est très impressionnant.
étonner	*erstaunen*	Cela m'étonne.
fier, -ère	*stolz*	Je suis fière de ce bon résultat.

vocabulaire	dt. Bedeutung	phrase française
déçu, e	*enttäuscht*	C'est dommage. Je suis vraiment déçu.
calme	*ruhig*	Ne te fais pas de souci, reste calme.
inquiet, -ète	*beunruhigt*	Avant le départ de Marie, ses parents étaient très inquiets.
nerveux, -se	*nervös*	Elle est nerveuse parce que c'est sa première participation à l'échange.
craindre	*(be-)fürchten*	Il n'ose pas lui poser cette question parce qu'il craint de la déranger.
le souci	*Sorge*	Elle se fait du souci pour son enfant malade.
la peur	*Angst*	J'ai peur des chiens. Ce sont surtout les grands chiens qui me font peur.
l'horreur [f]	*Entsetzen, Schauder*	J'ai horreur de ce prof.
affreux, -se **terrible**	*furchtbar, schrecklich* *schrecklich*	Anne trouve que Gérard Depardieu est affreux. « Il est terrible », dit elle.
détester	*hassen, verabscheuen*	Caroline déteste les maths. Mais elle déteste encore plus traduire des textes anglais.
la colère **fâché, e**	*Wut, Zorn* *wütend*	Pourquoi est-ce que tu es en colère ? Il est très fâché contre toi.
énerver qn	*jdn. aufregen*	Il m'énerve avec ses bêtises.
déranger qn	*jdn. stören*	Laisse-moi tranquille, tu déranges.

Les relations sociales – Soziale Beziehungen

1 *La famille* – Familie

vocabulaire	dt. Bedeutung	phrase française
la famille	*Familie*	Une famille qui a beaucoup d'enfants est une famille nombreuse.
les grands-parents [m/pl]	*Großeltern*	Ses grands-parents vivent encore et sont en bonne santé.
la grand-mère	*Großmutter*	Ma grand-mère et mon grand-père
le grand-père	*Großvater*	ont déjà quatre-vingts ans.
les petits-enfants [m/pl]	*Enkel [pl]*	Les grands-parents sont fiers de leurs petits-enfants.
les parents [m/pl]	*Eltern*	Tu as téléphoné à tes parents ?
la mère	*Mutter*	Elle s'appelle comment, ta mère ?
le père	*Vater*	Son père est mort il y a deux ans.
la fille	*Tochter*	Ma fille Caroline a douze ans et mon
le fils	*Sohn*	fils Enzo dix ans.
les frères et sœurs [pl]	*Geschwister*	Manon et moi, nous sommes frère et sœur.
le frère	*Bruder*	Mon grand frère s'appelle Luc et ma
la sœur	*Schwester*	petite sœur Jade.
l'oncle [m]	*Onkel*	Mon oncle et ma tante n'ont pas
la tante	*Tante*	d'enfants.
la femme	*Ehefrau*	Sa femme est morte il y a deux ans.
le mari	*Ehemann*	Mon père est le mari de ma mère.
marié, e	*verheiratet*	Ils sont mariés depuis dix ans.
le mariage	*Heirat, Ehe*	Mes parents fêtent leurs vingt-cinq ans de mariage.
enceinte	*schwanger*	Elle est enceinte de son deuxième enfant.
se séparer	*sich trennen*	Malika et Michel ne sortent plus ensemble, ils se sont séparés.
divorcé, e	*geschieden*	Mes parents sont divorcés.

2 *Les amies et les amis* – Freundinnen und Freunde

vocabulaire	dt. Bedeutung	phrase française
l'ami, e [m/f] **l'amitié** [f]	*Freund*in* *Freundschaft*	Qu'est-ce qu'on ferait sans amis ? Il se lie facilement d'amitié.
le copain, la copine	*Freund*in*	Il est toujours prêt à aider, c'est un bon copain.
se comprendre **s'entendre avec qn**	*sich verstehen* *sich mit jdm. verstehen*	Zoé et Luc ne se comprennent pas. Régine s'entend bien avec Denis.
la confiance **confier qc à qn**	*Vertrauen* *jdm. etw. anvertrauen*	Tu n'as pas confiance en moi ? Elle me confie tous ses secrets.
le secret	*Geheimnis*	Elle n'a rien dit. C'est un secret.
partager qc avec qn	*etw. mit jdm. teilen*	Ma sœur et moi, nous partageons tous nos secrets.
la blague	*Witz, Scherz*	Il raconte toujours des blagues.
rire **sourire**	*lachen* *lächeln*	Je ne ris pas, c'est sérieux. Avec Pierre la chance me sourit.
connaitre qn **la connaissance**	*jdn. kennen (lernen)* *Bekanntschaft*	Je les ai connus en vacances. Hier, j'ai fait la connaissance d'une fille très sympa.
la bise	*Wangenkuss*	En France, il est normal de se faire la bise quand on se dit bonjour ou au revoir.
adorer qn/qc **aimer qn/qc**	*etw./jdn. sehr mögen* *jdn./etw. lieben*	Aurélie adore Omar Sy. Tu m'aimes ?
l'amour [m] **amoureux, -se**	*Liebe* *verliebt*	Il était mon premier amour. Je crois que Marie est amoureuse de Pascale.
l'occasion [f]	*Gelegenheit*	Quand l'occasion se présente il faut agir.
possible **impossible**	*möglich* *unmöglich*	Tu peux venir ? – Oui, c'est possible. Il est impossible de tout faire en même temps.

vocabulaire	dt. Bedeutung	phrase française
oser faire qc	*wagen, etw. zu tun*	Je l'aime, mais je n'ose pas le lui dire.
essayer de faire qc	*versuchen, etw. zu tun*	On a essayé de vous contacter.
s'approcher	*näher kommen*	Approche-toi un peu. Ainsi, les autres, eux aussi, ont de la place sur le banc.
embrasser qn	*jdn. küssen*	Nicole est la première fille qu'il embrasse.
le couple	*Paar*	Muriel et Bertrand sont un couple heureux.
fidèle	*treu*	Elle est fidèle à son ami.
jaloux, -se	*neidisch, eifersüchtig*	Patricia est jalouse d'Emma, parce qu'elle est toujours habillée à la mode.
le chagrin	*Kummer*	Le chagrin d'amour est une expérience que tout le monde fait.
pleurer	*weinen*	Quand on pleure on a les larmes aux yeux.
la larme	*Träne*	
consoler qn	*jdn. trösten*	Elle était tellement triste, on ne pouvait pas la consoler.
la haine	*Hass*	Il éprouve de la haine envers les autres.

La communication – Kommunikation

1 *Parler* – Sprechen

vocabulaire	dt. Bedeutung	phrase française
la langue	*Sprache*	Nathalie a deux langues maternelles, le français et l'espagnol. Elle est donc bilingue. Et à l'école, elle apprend l'anglais, l'allemand et le latin.
la voix	*Stimme*	Sa voix est très agréable à écouter.
le silence	*Schweigen*	Le prof répète plusieurs fois : « Silence, s'il vous plait. » Mais les élèves ne l'écoutent pas et continuent à faire du bruit.
dire	*sagen*	Je voudrais te dire merci pour ton aide.
parler	*sprechen, reden*	Nous avons parlé de tout.
crier	*schreien, brüllen*	Ne criez pas ainsi, vous allez réveiller votre petit frère.
prononcer	*aussprechen*	Tu prononces très bien cette nasale.
demander qc	*etw. fragen*	Monsieur, je peux vous demander quelque chose ?
répondre à qn	*jdm. antworten*	On va vous répondre par écrit.
la question	*Frage*	Le docteur m'a posé beaucoup de questions.
la réponse	*Antwort*	J'ai trouvé la réponse sur Internet.
s'excuser	*sich entschuldigen*	Quand on est en retard, on s'excuse.
être désolé, e	*leid tun*	Je suis désolé, mon petit, il ne reste plus de glace.
expliquer qc	*erklären*	Cette prof explique bien.
annoncer	*ankündigen*	À la météo, ils ont annoncé du beau temps.

vocabulaire	dt. Bedeutung	phrase française
proposer	*vorschlagen*	Je propose de profiter du beau temps pour aller à la piscine.
promettre	*versprechen*	Mon grand frère m'a promis de m'aider à faire mes devoirs.
laisser	*lassen, zulassen*	Jules ne me laisse pas jouer.
permettre	*erlauben*	Je ne te permets pas de sortir à dix heures du soir.
interdire	*verbieten*	Mes parents m'interdisent de sortir le soir.
se moquer de qn	*sich über jdn. lustig machen*	Ne te moque pas de moi.

2 *Discuter et juger* – Diskutieren und beurteilen

vocabulaire	dt. Bedeutung	phrase française
discuter	*diskutieren*	Je ne sais pas de quoi ils ont discuté.
l'opinion [f]	*Meinung*	Je ne partage pas votre opinion sur ce sujet.
à mon avis	*meiner Meinung nach*	À mon avis, il a mal agi.
trouver	*finden, der Meinung sein*	Je trouve que vos explications sont compréhensibles.
la raison	*Vernunft, Grund*	Je ne connais pas la raison pour laquelle il a agi ainsi.
avoir raison **avoir tort**	*recht haben* *unrecht haben*	On ne peut pas toujours avoir raison, quelquefois on a tort aussi.
comparer qc avec/à qc	*etw. miteinander vergleichen*	On ne peut pas comparer les pommes avec les poires.
prendre au sérieux	*ernst nehmen*	C'est un problème que nous devons prendre au sérieux.
accepter	*akzeptieren, zustimmen*	Je t'invite au cinéma et toi, tu payes les cocas. – D'accord, j'accepte.
se disputer	*sich streiten*	Je ne veux pas me disputer avec toi.

vocabulaire	dt. Bedeutung	phrase française
bon, ne	*gut*	Ce film est bon, je l'ai vu déjà deux fois.
mauvais, e	*schlecht*	Ce livre a reçu de mauvaises critiques.
important, e	*wichtig*	Il est important d'éviter tout risque qui pourrait causer un incendie.
nécessaire	*notwendig*	Essayons d'abord d'obtenir les résultats qui sont nécessaires.
utile	*nützlich*	Je trouve que les portables peuvent être très utiles.
inutile	*unnütz*	Si l'ordinateur ne marche pas, il est inutile de s'énerver.
beau, bel, belle **joli, e**	*schön* *hübsch*	Joséphine est moins belle que Claudine, mais toujours jolie.
laid, e	*hässlich*	Jean, le pauvre, est vraiment laid.
dégoutant, e	*abscheulich, unappetitlich*	Les gens avaient laissé leurs ordures partout, c'était dégoutant.
délicieux, -se	*köstlich*	Ce fruit est délicieux.
excellent, e	*hervorragend*	La cuisine française est excellente.
formidable	*toll*	Le menu était formidable.
magnifique	*wunderbar*	La vue sur les Alpes est magnifique.
merveilleux, -se	*herrlich, wunderbar*	De cet endroit, on a une vue merveilleuse sur la vallée et les montagnes en face.
drôle [fam]	*lustig, witzig*	Il amuse tout le monde avec ses blagues, il est vraiment drôle.
marrant, e [fam]	*lustig, witzig*	Ces BD sont marrantes.
ennuyeux, -se	*langweilig, ärgerlich*	Le livre était si ennuyeux que je me suis endormi.

3 *La poste et la télécommunication* – Post und Telekommunikation

vocabulaire	dt. Bedeutung	phrase française
le message	*Botschaft, Nachricht*	Tu as reçu un message WhatsApp.
l'information [f]	*Information*	Sur ce site Internet, les informations utiles sont rares.
la lettre	*Brief*	« Sincères salutations » est une expression qu'on met à la fin d'une lettre.
la carte postale	*Postkarte*	Il m'a envoyé une drôle de carte postale.
le paquet	*Paket*	Ouvre le paquet, ton cadeau est dedans.
le timbre	*Briefmarke*	Sans timbre, ta carte postale ne sera pas envoyée.
l'enveloppe [f]	*Umschlag*	L'adresse sur l'enveloppe n'est pas correcte.
l'adresse [f]	*Adresse*	J'ai oublié de noter son adresse postale. Je n'ai que son adresse e-mail.
s'adresser à qn	*sich an jdn. wenden*	Ils se sont adressés à la police.
envoyer qc	*etw. (ver-)schicken*	Ces derniers temps, il m'a envoyé trois lettres.
recevoir qc	*etw. erhalten, bekommen*	Je n'ai pas reçu ton e-mail.
le téléphone	*Telefon*	Allô ? Qui est au téléphone ?
le (téléphone) portable, le smartphone	*Handy, Smartphone*	Je vous donnerai mon numéro de téléphone portable.
téléphoner	*telefonieren*	Ils téléphonent au moins trois fois par jour.
appeler qn	*jdn. anrufen*	Elle m'a appelé vers dix heures du soir.
chatter	*chatten*	Elle aime beaucoup chatter avec ses amies.
le forum (sur Internet)	*(Internet-)Forum*	En surfant sur Internet vous trouvez ce message sur un forum.

Manger et boire – Essen und trinken

1 *Les aliments* – Lebensmittel

vocabulaire	dt. Bedeutung	phrase française
le pain **la baguette**	*Brot* *Baguette*	Chez nous, on mange ou de la baguette ou du pain long.
le beurre	*Butter*	Je ne mets pas de beurre sur le pain mais de la margarine.
la confiture	*Marmelade*	Je mange le pain avec de la confiture.
le miel	*Honig*	On sait que les ours aiment le miel.
la farine	*Mehl*	Sans farine on n'aurait pas de pain.
la pâte	*Teig, Pasta*	Le pain est fait d'une pâte à base de farine.
la nouille	*Nudel*	Les nouilles sont plus courtes que les spaghettis.
le riz	*Reis*	En Asie on mange beaucoup de riz.
les frites [f/pl]	*Pommes (frites)*	Dans ce restaurant de luxe, on ne sert pas de frites.
la soupe	*Suppe*	La bouillabaisse est une spécialité provençale qui se compose d'une soupe de poissons et de poissons entiers.
le potage	*Suppe*	Le potage est une soupe préparée avec des légumes ou avec de la viande.
la viande	*Fleisch*	Elle ne mange pas de viande. Elle est végétarienne.
le bœuf **le porc** **le poulet**	*Rindfleisch* *Schweinefleisch* *Hähnchen*	Sarah est juive et mange du bœuf et du poulet, mais jamais de porc.
cuit, e	*gebraten, gekocht, nicht roh*	Comment est-ce que vous voulez la viande? – Bien cuite, s'il vous plait.

vocabulaire	dt. Bedeutung	phrase française
le jambon	*Schinken*	Il y a du jambon cuit et fumé.
la saucisse	*Würstchen*	Je préfère les saucisses grillées aux saucisses cuites.
l'œuf [m]	*Ei*	Il nous faut encore des œufs frais.
le fruit	*Frucht, Obst*	Vous voulez des fruits comme dessert ?
la pomme	*Apfel*	La pomme et la poire sont des fruits
la poire	*Birne*	typiques de l'Allemagne.
la banane	*Banane*	La banane et l'orange sont des fruits
l'orange [f]	*Orange*	exotiques.
l'abricot [m]	*Aprikose*	L'abricot ressemble à la pêche.
la pêche	*Pfirsich*	Ce sont les premières pêches de la saison.
le citron	*Zitrone*	Qu'est-ce que tu fais là ? Un citron ne se mange pas comme une pomme.
le légume	*Gemüse*	Mangez plus de légumes !
la carotte	*Karotte*	La carotte est riche en sucre.
la tomate	*Tomate*	As-tu déjà coupé les tomates et les
l'oignon [m]	*Zwiebel*	oignons ? Et n'oublie pas d'éplucher
le concombre	*Gurke*	le concombre.
le poivron	*Paprika*	Je n'ai que des poivrons rouges.
la pomme de terre	*Kartoffel*	Les pommes de terre accompagnent souvent les plats de viande.
la salade	*Salat*	La salade niçoise est une spécialité provençale.
l'huile [f]	*Öl*	L'huile d'olive est la meilleure huile.
le fromage	*Käse*	En France, on connait plus de deux cents sortes de fromage.
le gâteau, x	*Kuchen*	Ça suffit maintenant, tu as déjà mangé trois gâteaux.
la tarte	*Torte, Obstkuchen*	J'ai une tarte aux pommes. Tu en veux un morceau ?
le chocolat	*Schokolade*	Le chocolat suisse est le meilleur.
la glace	*Eis*	Je n'aime pas la glace.
la boule	*Kugel*	On a acheté deux boules de glace.

vocabulaire	dt. Bedeutung	phrase française
les ingrédients [pl/m]	*Zutaten*	Est-ce que nous avons tous les ingrédients à la maison pour le gâteau ?
le sel	*Salz*	Passe-moi le sel, s'il te plait.
le poivre	*Pfeffer*	Dans les restaurants, le sel et le poivre sont toujours sur la table.
le sucre	*Zucker*	Vous prenez votre café au lait avec ou sans sucre ?
la moutarde	*Senf*	Léa mange de la viande froide avec de la moutarde.
les herbes [f/pl]	*Kräuter*	Normalement, je mets des herbes de provence dedans.
gouter qc	*etw. probieren*	Tu veux gouter la sauce ?
le morceau, x	*Stück*	Je ne voulais pas du sucre en poudre, mais du sucre en morceaux.

2 *Les boissons* – Getränke

vocabulaire	dt. Bedeutung	phrase française
la boisson	*Getränk*	Il y a des boissons froides et chaudes.
l'eau [f]	*Wasser*	En France, on boit en général de
l'eau minérale [f]	*Mineralwasser*	l'eau minérale non gazeuse.
le jus (de fruits)	*(Frucht-)Saft*	Au supermarché, on peut acheter toutes sortes de jus de fruits : jus de pomme, jus d'orange…
le coca	*Cola*	Le coca se boit froid.
la limonade	*Limo(nade)*	Je préfère la limonade au thé.
le lait	*Milch*	Le lait contient toutes les matières dont notre corps a besoin.
le thé	*Tee*	L'Inde, la Chine et Sri Lanka sont de grands producteurs de thé.
le café	*Kaffee*	Ma mère aime le café au lait.
la bière	*Bier*	Je n'aime pas l'alcool. Je ne bois ni
le vin	*Wein*	bière ni vin.

3 *Les repas* – Mahlzeiten

vocabulaire	dt. Bedeutung	phrase française
boire	*trinken*	Qu'est-ce que vous voulez boire ?
manger	*essen*	On va manger à la maison ou au restaurant ?
la soif	*Durst*	Après leur longue promenade, ils avaient soif.
la faim	*Hunger*	Je n'ai rien mangé aujourd'hui, je meurs de faim.
la nourriture	*Nahrung*	Les enfants ont besoin d'une nourriture solide.
le repas	*Essen, Mahlzeit*	À table, les enfants ! Le repas est prêt !
le petit déjeuner	*Frühstück*	Tu prends du thé ou du café pour le petit déjeuner ?
le déjeuner	*Mittagessen*	Le déjeuner est le repas de midi.
le diner	*Abendessen*	À huit heures, on sert le diner.
le plat	*Essen, Gericht*	La choucroute garnie est un plat régional d'Alsace.
l'entrée [f]	*Vorspeise*	Ma mère prend toujours une salade comme entrée.
le plat principal	*Hauptgericht*	On prend le poisson comme plat principal ?
le dessert	*Dessert, Nachspeise*	Qu'est-ce que vous proposez comme dessert ?
la cuisine	*Küche*	On dit que la cuisine française est la meilleure du monde.
faire la cuisine	*kochen*	Chez nous ce n'est pas toujours ma mère qui fait la cuisine.
la recette	*Rezept*	Mon père a fait ce gâteau selon une recette de grand-mère.
préparer qc	*etw. vorbereiten, etw. zubereiten*	J'ai des invités ce soir. Je dois encore préparer le repas.

vocabulaire	dt. Bedeutung	phrase française
ajouter qc	*etw. hinzufügen*	Je n'aime pas le café noir. Ajoute un peu de lait, s'il te plait.
mélanger qc	*(ver-)mischen*	Pour faire des crêpes, il faut mélanger de la farine, de l'eau et des œufs.
la boite	*Dose, Schachtel*	Il me faut encore deux boites de lait.
mettre la table/ le couvert	*den Tisch decken*	Les invités arrivent et on n'a pas encore mis la table/le couvert.
le couvert	*Gedeck*	Tu as mis le couvert ? Nos invités arrivent.
l'assiette [f]	*Teller*	Pour manger la soupe, il faut une assiette à soupe, pour le plat principal une assiette plate.
la fourchette	*Gabel*	On ne mange pas avec la main, prends une fourchette !
le couteau, x	*Messer*	Ce couteau ne coupe pas.
la cuiller, la cuillère	*Löffel*	Tu veux une petite cuillère ou une cuillère à soupe ?
couper	*schneiden*	Avant de manger, les Américains coupent la viande en petits morceaux.
la tasse	*Tasse*	Il a bu une tasse de thé.
le verre	*Glas*	Le vin ne se boit pas dans un verre à eau, mais dans un verre à vin.
la bouteille	*Flasche*	Ce vin est mis en bouteille par le producteur.
se mettre à table	*sich an den Tisch setzen*	Mettez-vous à table, on va manger.
sortir de table	*vom Tisch aufstehen*	On ne sort pas de table quand les autres mangent encore.
passer qc à qn	*(herüber-)reichen*	Tu peux me passer le sel, s'il te plait ?
rester	*(übrig-)bleiben*	Restez assis, les enfants. Il en reste encore un peu de gâteau.

Faire les courses – Einkaufen

1 *Les magasins* – Geschäfte

vocabulaire	dt. Bedeutung	phrase française
acheter	*kaufen*	On doit acheter des fruits.
vendre	*verkaufen*	Pourquoi est-ce que tu veux vendre ta voiture ? Elle est encore toute neuve.
les courses [f/pl]	*Einkäufe*	Les enfants n'aiment pas toujours faire les courses avec leurs parents.
le sac	*Tasche*	Je préfère les sacs en papier aux sacs en plastique quand je fais les courses.
le magasin	*Geschäft, Kaufhaus*	Dans les grands magasins de Paris il y a toujours beaucoup de monde.
la boutique	*Geschäft, Boutique*	En France, une boutique n'est pas seulement un petit magasin de vêtements.
la boulangerie	*Bäckerei*	Notre boulangerie du coin fait le meilleur pain.
la charcuterie	*Metzgerei*	Chéri, tu peux aller à la charcuterie acheter des merguez ?
la boucherie	*Fleischerei, Metzgerei*	À la boucherie, on achète de la viande.
l'épicerie [f]	*Lebensmittelgeschäft*	Les petites épiceries ont des difficultés à survivre parce que les gens préfèrent souvent les supermarchés.
le restaurant	*Restaurant*	Dimanche, on mangera au restaurant.
la papeterie	*Schreibwarengeschäft*	Après la rentrée, les papeteries sont pleines d'élèves.
le marché	*Markt*	La semaine prochaine, il y aura le marché annuel.

vocabulaire	dt. Bedeutung	phrase française
le supermarché	*Supermarkt*	Au supermarché, on trouve tout ce qu'on veut.
le centre commercial	*Einkaufszentrum*	Dans les centres commerciaux, il y a toujours du monde.
être ouvert, e	*geöffnet sein*	À Paris, quelques magasins sont ouverts 24 heures sur 24.
être fermé, e	*geschlossen sein*	En province, par contre, ils sont fermés la nuit.
le/la marchand, e	*Kaufmann, -frau, Händler*in*	Une marchande de fruits vend des pommes et des poires.
le/la vendeur, -euse	*Verkäufer*in*	Il a beaucoup de clients, il est un excellent vendeur.
le/la client, e	*Kunde, Kundin*	Le samedi, il y a toujours beaucoup de clients au supermarché.
la vitrine	*Schaufenster*	Elle s'arrête à chaque vitrine.
le choix	*(Aus-)Wahl*	Cet ordinateur est un bon choix.
choisir	*(aus-)wählen*	Qu'est-ce que vous avez choisi comme dessert ?
commander qc	*etw. bestellen*	Vous voulez commander, mesdames et messieurs ?

2 *L'argent* – Geld

vocabulaire	dt. Bedeutung	phrase française
l'argent [m]	*Geld*	Il ne faut pas jeter son argent par la fenêtre.
l'argent de poche	*Taschengeld*	À quoi est-ce que tu dépenses ton argent de poche ?
la monnaie	*Kleingeld, Währung*	Le dirham est la monnaie du Maroc.
la pièce	*Stück, Geldstück*	J'ai payé ce morceau de fromage avec une pièce de deux euros.
le porte-monnaie	*Geldbörse*	Mince, j'ai oublié mon porte-monnaie à la maison !

vocabulaire	dt. Bedeutung	phrase française
l'euro [m]	*Euro*	L'euro a remplacé le franc et le mark.
le centime	*Cent*	Je n'ai que quatre-vingts centimes sur moi.
économe	*wirtschaftlich, sparsam*	Il faut être économe dans ces temps durs.
le prix	*Preis*	Les prix ont encore augmenté.
couter	*kosten*	Combien coute cette voiture ? 40 000 € ? Elle coute cher, cette voiture.
cher, chère	*teuer*	Ce fromage-ci est cher, mais celui-là est bon marché.
bon marché	*billig, günstig*	
gratuit, e	*umsonst, gratis*	Il y avait beaucoup de monde au concert parce que l'entrée était gratuite.
payer	*bezahlen*	Ils n'acceptent pas de carte de crédit.
en espèces	*bar*	Mais tu peux payer en espèces.
rendre	*herausgeben*	Le distributeur automatique ne rend pas la monnaie.
dépenser	*ausgeben*	Combien d'argent est-ce que tu dépenses pour les sorties ?
emprunter	*(aus-)leihen*	Est-ce que je pourrais t'emprunter cinquante centimes, s'il te plait ?
prêter	*(ver-)leihen*	Elle m'a prêté dix euros.
la caisse	*Kasse*	On va à la caisse pour payer.

Habiter – Wohnen

1 *L'appartement et la maison* – Wohnung und Haus

vocabulaire	dt. Bedeutung	phrase française
le bâtiment	*Gebäude*	Le commissariat de police se trouve dans ce bâtiment.
la tour	*Turm*	La tour Eiffel est peut-être la tour la plus connue du monde.
l'immeuble [m]	*Wohnblock, Häuserblock*	Un immeuble est un grand bâtiment à plusieurs étages.
la maison	*Haus*	Sa maison se trouve en face de la gare.
l'appartement [m]	*Wohnung*	Il a acheté pour lui et sa famille un appartement de cinq pièces.
construire	*bauen*	Le maire a décidé de faire construire de nouveaux immeubles en banlieue.
le mur	*Mauer, Wand*	Les murs de cet immeuble sont en béton.
la paroi	*Wand [Zimmer]*	Ma chambre a cinq parois.
la fenêtre	*Fenster*	Le matin, il faut ouvrir les fenêtres.
la porte	*Tür*	Lucas, ferme la porte doucement !
le toit	*Dach*	Quand je regarde par la fenêtre je vois les toits de la ville.
la cave	*Keller*	Mon père conserve son vin dans la cave.
le rez-de-chaussée	*Erdgeschoss*	Le rez-de-chaussée se trouve au niveau du sol.
l'étage [m]	*Stockwerk*	Notre appartement se trouve au deuxième étage.
la pièce	*Zimmer*	Elle a une maison de six pièces.
la salle	*Saal*	Au rez-de-chaussée de la maison, il y a une grande salle.

vocabulaire	dt. Bedeutung	phrase française
la salle de séjour	*Wohnzimmer*	La salle de séjour est la plus grande pièce dans notre maison.
la salle à manger **la cuisine**	*Esszimmer* *Küche*	La salle à manger n'est jamais très loin de la cuisine.
la chambre	*Zimmer [mit Bett]*	Va dans ta chambre !
la chambre à coucher	*Schlafzimmer*	Dans cette maison, il y a deux chambres à coucher.
la salle de bains	*Badezimmer*	Au premier étage, il y a une deuxième salle de bains pour les enfants.
la douche **le W.-C.**	*Dusche* *WC*	La chambre à l'hôtel est avec douche et W.-C.
prendre une douche	*sich duschen*	Il faut prendre une douche après le bain de mer.
prendre un bain	*baden, ein Bad nehmen*	Quand je suis un peu enrhumée, j'aime bien prendre un bain.
le couloir	*Gang*	Ma chambre se trouve au fond du couloir.
l'escalier [m] **l'ascenseur** [m]	*Treppe* *Aufzug*	Nous pouvons prendre l'escalier ou l'ascenseur, comme tu veux.
entrer	*eintreten, hineingehen*	On frappe à la porte avant d'entrer.
sortir	*hinausgehen*	Après notre dispute, mon frère est sorti de ma chambre les yeux pleins de larmes.
quitter	*verlassen*	Le matin, il quitte la maison à sept heures et demie.
monter qc	*etw. hinaufbringen*	Est-ce que tu pourrais monter les achats, s'il te plait ?
descendre qc	*etw. hinunterbringen*	Descends la poubelle, s'il te plait.
sortir qc	*etw. hinausbringen*	Louise a sorti la voiture du garage.
rentrer qc	*etw. hineinbringen*	Tu ne vas pas laisser ton vélo dehors. Rentre-le au garage.
ouvrir	*öffnen*	Ouvrez la porte, laissez-moi rentrer.
fermer	*schließen*	Ferme la fenêtre, s'il te plait.
la clé	*Schlüssel*	Ferme la porte à clé quand tu sors.

vocabulaire	dt. Bedeutung	phrase française
frapper	*schlagen, klopfen*	Quelqu'un a frappé à la porte.
sonner	*läuten, klingeln*	Le téléphone a sonné.
le plafond	*Zimmerdecke*	Le plafond est la partie supérieure d'une pièce.
le sol	*Fußboden*	Le sol est la surface sur laquelle on marche.
le coin	*Ecke*	Personne ne veut manger sur le coin de la table.
le ménage	*Haushalt*	Elle n'aime pas faire le ménage.
laver	*waschen*	Papa aime laver sa voiture.
nettoyer qc	*sauber machen, reinigen*	Léo, regarde ta bicyclette, comme elle est sale. Nettoie-la !
propre	*sauber*	La salle de bains est propre.
sale	*schmutzig*	Avant, elle était vraiment très sale.
le jardin	*Garten*	Mon oncle qui habite en ville rêve d'une maison avec un petit jardin.
le/la voisin, e	*Nachbar*in*	Les Français sont nos voisins.
le/la propriétaire	*Besitzer*in*	Le propriétaire de cette maison est mort l'an dernier.
avoir	*haben*	L'appartement a trois pièces.
être à qn	*jdm. gehören*	Cette chambre est à moi.
appartenir à qn	*jdm. gehören*	Cette maison appartient à ma tante.

2 *Les meubles et la décoration* – Möbel und Einrichtung

vocabulaire	dt. Bedeutung	phrase française
la chose	*Sache, Ding*	Range ta chambre, Théo ! Il y a trop de choses qui trainent par terre.
le meuble	*Möbelstück*	Il y a des meubles pour l'intérieur de la maison et des meubles de jardin.
la chaise	*Stuhl*	Nathan, apporte encore une chaise pour ta grand-mère !

vocabulaire	dt. Bedeutung	phrase française
la table	*Tisch*	Nous avons une table avec huit places.
le bureau, x	*Schreibtisch*	J'ai mis une feuille sur mon bureau, mais je ne la trouve plus !
être assis, e	*sitzen*	Tout le monde est assis autour de la table.
être debout	*stehen*	Elle était debout pendant une heure.
l'armoire [f]	*Schrank*	L'armoire de ma sœur est pleine de vêtements à la mode.
l'étagère [f]	*Regal*	Mon étagère est pleine de livres.
le lit	*Bett*	Allez, au lit les enfants !
la couverture	*Decke [Stoff]*	Prends encore une couverture si tu as froid.
couvrir	*bedecken, zudecken*	Couvre-toi bien, il fait froid la nuit.
aller se coucher/ aller au lit	*schlafen gehen ins Bett gehen*	Je suis fatiguée. Je vais aller me coucher./Je vais aller au lit.
la fatigue	*Müdigkeit*	Les enfants sont tombés de fatigue.
fatigué, e	*müde*	Je suis très fatigué.
dormir	*schlafen*	Pendant les vacances, je dors jusqu'à dix heures.
s'endormir	*einschlafen*	Ils sont allés au lit et se sont endormis tout de suite.
le sommeil	*Schlaf*	Denis parle dans son sommeil.
rêver	*träumen*	Je me rappelle bien ce que j'ai rêvé.
le rêve	*Traum*	Fais de bons rêves, mon chéri.
se réveiller	*aufwachen*	Réveille-toi, il est déjà neuf heures.
se lever	*aufstehen*	A quelle heure est-ce que tu te lèves ?
la poubelle	*Abfalleimer*	Qui va sortir la poubelle ce soir ?
l'appareil [m]	*Gerät*	Cet appareil ne marche plus.
le frigidaire	*Kühlschrank*	Il ne faut pas mettre les tomates au frigidaire.

vocabulaire	dt. Bedeutung	phrase française
la lumière	*Licht*	Il fait presque nuit. Est-ce que tu pourrais allumer la lumière ?
la lampe	*Lampe*	La lampe est cassée.
la bougie	*Kerze*	Quand il n'y a plus d'électricité on allume une bougie.
garder qc	*behalten*	Mon stylo ? Tu peux le garder.
confortable	*bequem, komfortabel*	À la maison, on peut mettre des vêtements confortables.
le désordre **ranger**	*Unordnung* *aufräumen*	Le désordre dans ta chambre est incroyable. Range-la.
enlever	*wegnehmen, aufheben*	Enlève le papier qui traine par terre.
ramasser	*aufheben*	Ramassez tout de suite le papier que vous avez jeté par terre.
renverser	*umstoßen, umstürzen*	Maman, Arthur a renversé son lait.
casser	*zerbrechen, kaputt machen*	Le petit Nicolas a encore cassé ses jouets.
nouveau, nouvel, nouvelle **neuf, -ve**	*neu [anders]* *neu [fabrikneu]*	J'ai un nouvel ordinateur. Il n'est plus tout neuf, mais il marche très bien et a été bon marché.
vieux, vieil, le	*alt*	J'aime bien les vieilles maisons.

L'éducation – Bildung

1 *L'école* – Schule

vocabulaire	dt. Bedeutung	phrase française
l'éducation [f]	*Erziehung, Bildung*	Une bonne éducation est importante dans la vie.
l'école [f]	*Schule*	À quel âge es-tu entré à l'école?
l'école primaire [f]	*Grundschule*	En France, l'école primaire est divisée en école maternelle (de 3 à 6 ans) et en école élémentaire (de 6 à 11 ans).
le collège	*Collège [weiterführende Schule für ca. 11- bis 14-Jährige]*	Sylvain est au collège Aristide Briand.
le lycée	*Lycée, Gymnasium [folgt auf Collège, ab ca. 15 Jahren bis zum Abitur]*	Après le collège, on passe au lycée.
l'université [f]	*Universität*	La Sorbonne est l'université la plus connue en France.
les études [f/pl]	*Studium*	Il fait ses études de droit à Bordeaux.
l'année scolaire [f]	*Schuljahr*	L'année scolaire commence en septembre.
la rentrée	*[Wiederbeginn des Unterrichts nach den großen Ferien]*	Le rentrée, c'est le jour où les élèves doivent rentrer à l'école.
la classe	*Klasse*	À la fin de l'année scolaire, on passe en classe supérieure.
la salle de classe	*Klassenzimmer*	Notre prof n'aime pas le désordre dans la salle de classe.
le gymnase	*Sporthalle*	Dans le gymnase, on fait du sport.
le secrétariat	*Sekretariat*	Si tu es malade et tu veux rentrer chez toi, tu dois passer au secrétariat.
la cour	*Pausenhof*	Allez dans la cour pendant la pause.
la pause	*Pause*	Après trois heures de cours les élèves du lycée attendaient la pause.

vocabulaire	dt. Bedeutung	phrase française
la cantine	*Kantine, Mensa*	Vous mangez à la cantine ?
l'emploi du temps [m]	*Stundenplan*	Lilou a un emploi du temps très chargé.
le cours	*Unterrichtsstunde*	Ne parlez pas pendant les cours.
la matière	*Schulfach*	La technologie est une matière qui est aussi enseignée en France.

2 *Les examens* – Prüfungen

vocabulaire	dt. Bedeutung	phrase française
l'examen [m]	*Prüfung*	Elle a passé son examen.
le brevet	*Abschlusszeugnis, Diplom [Prüfung am Ende des Collège]*	Les élèves français passent le brevet à la fin du collège.
le bac(calauréat)	*Abitur*	Le bac est l'examen final au lycée.
l'interro(gation) [f]	*Abfrage, Klassenarbeit*	Ma dernière interrogation était bien réussie.
le bulletin	*Zeugnis*	Si tu travailles bien, tu ne dois pas avoir peur du bulletin.
la note	*Note*	Il a toujours de bonnes notes.
réussir à qc rater qc	*bestehen* *nicht bestehen*	Mon frère a réussi au bac, mais son meilleur ami l'a raté.
redoubler	*wiederholen*	Il a redoublé la classe de 3ème.
se préparer apprendre qc	*sich vorbereiten* *etw. lernen*	Préparez-vous bien à l'examen. Beaucoup d'élèves n'aiment pas apprendre par cœur.
réviser qc	*wiederholen*	Commencez à réviser, l'examen est dans quatre mois.
les devoirs [m/pl]	*Hausaufgaben*	Vous avez encore oublié vos devoirs ?
contrôler	*kontrollieren*	Il contrôle nos devoirs chaque jour.
corriger correct, e	*verbessern* *korrekt*	Je n'avais rien à corriger. Tout était correct.

vocabulaire	dt. Bedeutung	phrase française
parfait, e	*perfekt*	Tu n'as pas de fautes, c'est parfait.
faux, fausse	*falsch*	Cette solution est fausse.
la faute	*Fehler*	Ses devoirs sont pleins de fautes.
l'erreur [f]	*Irrtum, Fehler*	Tout le monde fait des erreurs.
se tromper	*sich irren*	Oh pardon, je me suis trompée.

3 *La salle de classe* – Klassenzimmer

vocabulaire	dt. Bedeutung	phrase française
le/la professeur, e	*Lehrer*in*	Normalement les élèves ne disent pas « professeur » mais « prof ».
l'élève [m/f]	*Schüler*in*	Nous sommes vingt-huit élèves.
la classe	*Klasse*	À la fin de l'année scolaire on passe en classe supérieure.
le/la camarade	*Kamerad*in*	Julien est mon meilleur camarade de classe.
le tableau, x	*Tafel*	Écrivez la solution au tableau.
le cartable	*Schultasche*	Laissez vos cartables fermés pendant l'interrogation.
le sac à dos	*Rucksack*	Il y a des élèves qui préfèrent le sac à dos au cartable.
le cahier	*Heft*	Sortez vos cahiers !
la feuille	*Blatt*	Est-ce que tu pourrais me prêter une feuille de papier, s'il te plait ?
le papier	*Papier*	
le crayon	*Bleistift*	N'écrivez pas au crayon.
le stylo	*Füller*	Prenez un stylo.
la gomme	*Radiergummi*	Une gomme sert à corriger des fautes.

4 *Le travail scolaire* – Arbeit für die Schule

vocabulaire	dt. Bedeutung	phrase française
écrire qc	*etw. schreiben*	Nicole écrit une lettre à Catherine.
noter qc	*etw. notieren, anstreichen*	Notez ce passage du texte.
copier	*abschreiben*	Il copie tout sur son voisin.
la grammaire	*Grammatik*	La grammaire est nécessaire pour apprendre une langue.
le point	*Punkt*	Chaque phrase se termine par un point.
la virgule	*Komma*	N'oubliez pas de mettre les virgules.
l'accent [m]	*Akzent*	Le mot « élève » s'écrit avec deux accents.
le mot	*Wort*	Elle est partie sans dire un seul mot.
le vocabulaire	*Wortschatz*	Il nous a dit de réviser le vocabulaire de la leçon.
le dictionnaire	*Wörterbuch*	Il y a des dictionnaires bilingues et monolingues.
la lettre	*Buchstabe*	L'alphabet français comprend vingt-six lettres.
épeler	*buchstabieren*	Épelez ce mot, s'il vous plait.
l'expression [f]	*Ausdruck*	Il y a d'autres moyens d'expression que la langue.
le texte	*Text*	Ce texte est difficile à comprendre.
la phrase	*Satz*	Faites des phrases complètes !
la dictée	*Diktat*	Ce matin, notre professeur nous a fait écrire une dictée très difficile.
répéter	*wiederholen*	Je n'ai pas compris ce que vous avez dit. Pourriez-vous le répéter, s'il vous plait ?
comprendre	*verstehen*	Est-ce que tu m'as compris ?
l'aide [f]	*Hilfe*	Je n'arrive pas à le faire sans ton aide.
aider qn	*jdm. helfen*	Tu peux m'aider à traduire ce texte ?

vocabulaire	dt. Bedeutung	phrase française
le chapitre	*Kapitel*	J'ai lu le premier chapitre de notre nouvelle lecture. Il ne m'a pas plu du tout.
la leçon	*Lektion*	Nous venons de terminer la leçon.
l'exemple [m]	*Beispiel*	Donne-moi un exemple.
l'exercice [m]	*Übung*	Il faut faire cet exercice par écrit.
traduire qc	*etw. übersetzen*	Je n'arrive pas à traduire ce texte.
la traduction	*Übersetzung*	Qui peut m'aider à faire cette traduction ?
distribuer qc	*etw. verteilen, austeilen*	Arthur, va distribuer les cahiers !
absent	*abwesend*	Christian n'est pas là. Il est absent.
présent	*anwesend*	Le reste de la classe est présent.

5 *L'échange scolaire* – Schüleraustausch

vocabulaire	dt. Bedeutung	phrase française
l'échange [m]	*Austausch*	L'échange scolaire est un moyen idéal d'apprendre une langue étrangère.
la ville jumelée	*Partnerstadt*	En été, nous allons accueillir chez nous une fille de notre ville jumelée.
le/la corres(pondante)	*Austauschpartner*in, Brieffreund*in*	Elle s'entend bien avec sa corres.
ensemble	*zusammen*	Elle et sa corres font beaucoup de choses ensemble.
participer à qc	*an etw. teilnehmen*	Elle n'a pas regretté d'avoir participé à l'échange.
l'accueil [m]	*Empfang*	Les parents de Charlotte ont fait bon accueil à Léa.
bienvenu, e	*willkommen*	Nous avons vu que nous étions les bienvenus en France.
se présenter	*sich vorstellen*	Elle s'est présentée aux parents de sa correspondante.

vocabulaire	dt. Bedeutung	phrase française
s'habituer à qc	*sich an etw. gewöhnen*	Il n'est pas toujours facile de s'habituer à la vie dans un pays étranger.
se débrouiller	*(allein) zurechtkommen, sich zu helfen wissen*	Il sait bien se débrouiller.
le mal du pays	*Heimweh*	Il souffre beaucoup du mal du pays.

6 *Les métiers* – Berufe

vocabulaire	dt. Bedeutung	phrase française
travailler	*arbeiten*	On ne peut pas toujours travailler, il faut se reposer de temps en temps.
le travail, -aux [m]	*Arbeit*	Il a changé de travail l'année dernière.
le métier	*Beruf*	Quel est le métier de tes rêves ?
l'emploi [m]	*Arbeitsplatz, Stelle*	Il n'a pas d'emploi.
l'expérience [f]	*Erfahrung*	Elle n'a pas d'expérience professionnelle.
l'employé, e [m/f]	*Angestellte*r*	Son père est employé de bureau.
employer qn	*jdn. anstellen*	Cette usine emploie plus de 2 000 personnes.
la condition	*Bedingung*	Les conditions du contrat sont acceptables.
le contrat	*Vertrag*	Les partenaires se sont mis d'accord et ont signé le contrat.
la signature	*Unterschrift*	Il a mis sa signature au bas du contrat.
le/la chef	*Chef*in [Vorgesetzte*r]*	Mon père a un bon chef.
le/la patron, ne	*Chef*in [Leiter*in]*	Le patron ou la patronne est une personne qui dirige une entreprise.
le/la secrétaire	*Sekretär*in*	Ma mère travaille comme secrétaire.
l'ouvrier, -ère [m/f]	*Arbeiter*in*	Comme ouvrier il travaille avec ses mains.
le/la fonctionnaire	*Beamte*r*	Les policiers sont des fonctionnaires.

vocabulaire	dt. Bedeutung	phrase française
le/la paysan, ne	*Bauer, Bäuerin*	Les paysans travaillent dans les champs et s'occupent du travail à la ferme.
l'interprète [m/f]	*Übersetzer*in*	Un interprète est un traducteur.
le/la journaliste	*Journalist*in*	C'est une journaliste d'un grand journal.
le/la policier, -ière	*Polizist*in*	Des policiers en uniforme ont accompagné la ministre.
le/la pompier, -ère	*Feuerwehrmann, -frau*	S'il y a un feu, appelez les pompiers !
l'ingénieur, e [m/f]	*Ingenieur*in*	Un ingénieur participe à la création de nouveaux produits.
le/la vétérinaire	*Tierarzt, -ärztin*	Il va avec son chat chez le vétérinaire.
l'entreprise [f]	*Unternehmen*	Un patron est un chef d'entreprise.
l'usine [f]	*Fabrik*	Dans une usine, on fabrique des objets avec des machines.
fabriquer	*herstellen*	Ici, on fabrique des meubles.

Les loisirs et les passe-temps – Hobbys und Zeitvertreib

1 *Le sport* – Sport

vocabulaire	dt. Bedeutung	phrase française
le sport	*Sport*	Luc pratique plusieurs sports, il fait de la natation, du cheval et du ski.
sportif, -ve	*sportlich, Sport-*	Il participe souvent à des compétitions sportives.
la force	*Kraft*	Il a lancé le ballon de toutes ses forces.
fort, e **faible**	*stark* *schwach*	Julie est forte en tennis. Pierre se sent faible ce matin.
l'effort [m]	*Bemühung, Anstrengung*	Si vous ne faites pas un effort vous n'allez pas gagner.
savoir faire qc	*etw. können, beherrschen*	Vous savez faire du ski ?
jouer à qc	*etw. spielen [Sport, Spiel]*	S'il fait beau, elle joue au foot, s'il fait mauvais, elle joue de la guitare.
la natation	*Schwimmen*	Je sais nager, mais je ne fais pas de la natation dans une association.
le foot(ball) **le/la footballeur, euse**	*Fußball* *Fußballer*in, Fußballspieler*in*	Il est un excellent footballeur ? Je ne savais même pas qu'il savait jouer au foot.
le tennis **le tennis de table**	*Tennis* *Tischtennis*	On joue au tennis sur un court. J'aime bien jouer au tennis de table.
la gymnastique	*Gymnastik*	M. Tournier est professeur de gymnastique.
la danse	*Tanz*	La danse professionnelle est un sport difficile.
le sport d'hiver	*Wintersport(art)*	Le hockey sur glace compte parmi les sports d'hiver.

vocabulaire	dt. Bedeutung	phrase française
le stade	*Stadion*	Les petits villages n'ont pas de stade
le terrain	*Gelände, Platz*	mais un terrain de foot.
la piscine	*Schwimmbad*	Moi, je préfère l'autre hôtel parce qu'il y a une piscine.
le ballon	*Ball*	Au sport, on tape sur le ballon ou on le lance.
le but	*Tor, Ziel*	C'est le premier but du match.
l'association [f]	*Verein*	Est-ce que vous êtes dans une association sportive ?
l'équipe [f]	*Mannschaft*	L'Olympique Lyon, c'est mon équipe
le/la joueur, euse	*Spieler*in*	de foot préférée en France. Les joueurs sont excellents !
le groupe	*Gruppe*	La gymnastique est un sport individuel ou un sport d'équipe présenté en groupe.
s'entrainer	*trainieren [intr.]*	Il s'entraine deux fois par semaine.
remplacer qn	*jdn. ersetzen*	Comme il ne peut pas jouer à cause de sa blessure, un autre joueur va le remplacer.
le match	*Spiel*	À quelle heure sera le match ?
le concours	*Wettkampf*	Le concours va commencer à deux heures.
attaquer	*angreifen*	Il faut attaquer si on veut gagner.
défendre	*verteidigen*	Une joueuse qui défend protège son équipe contre une attaque.
toucher	*berühren*	Au football, il y a une faute quand on touche le ballon avec la main.
gagner	*gewinnen*	On joue toujours pour gagner.
perdre	*verlieren*	Celui qui perd est le perdant, pas le vainqueur.
la victoire	*Sieg*	C'était une belle victoire.
la défaite	*Niederlage*	C'était une défaite, mais pas un grand malheur.
le succès	*Erfolg*	Tu réussiras, tu auras du succès.
le résultat	*Ergebnis*	Tu connais le résultat du match ?

2 *La musique* – Musik

vocabulaire	dt. Bedeutung	phrase française
l'art [m]	*Kunst*	La musique est un art qui plait à tout le monde.
l'artiste [m/f]	*Künstler*in*	Cette pianiste est une grande artiste.
célèbre	*berühmt*	Edith Piaf était une chanteuse célèbre.
la musique	*Musik*	Les jeunes préfèrent la musique pop.
le/la musicien, ne	*Musiker*in*	Georges Bizet était un des plus grands musiciens français.
chanter	*singen*	Tu chantes faux. – Mais non, je chante juste !
le/la chanteur, -euse	*Sänger*in*	Le métier d'un chanteur ou d'une chanteuse est de chanter.
la chanson	*Lied*	Tu connais une chanson française ?
jouer de qc	*etw. spielen [Instrument]*	Moi, j'adore jouer de la guitare, mon frère préfère jouer au foot.
l'instrument [m]	*Instrument*	Tu joues d'un instrument ?
la flute	*Flöte*	La flute est souvent le premier instrument qu'apprennent les enfants.
la guitare	*Gitarre*	Presque tous les garçons veulent jouer de la guitare électrique.
le violon	*Geige*	Le violon est un instrument difficile à jouer.
le piano	*Klavier*	Le piano est son instrument préféré.
le concert	*Konzert*	L'orchestre de la ville a donné un concert hier soir.

3 *La peinture* – Malerei

vocabulaire	dt. Bedeutung	phrase française
peindre **le peintre** **l'artise peintre, la femme peintre**	*malen* *Maler* *Malerin*	On dirait qu'un grand peintre a peint cette image, mais c'était Jules, un garçon de onze ans. Une femme peintre est une artiste peintre de genre féminin.

vocabulaire	dt. Bedeutung	phrase française
dessiner	*zeichnen*	C'est toi qui as dessiné cette image ?
le dessin	*Zeichnung*	Ce livre montre les dessins de Léonard de Vinci.
l'image [f]	*Bild*	« Avec des illustrations » veut dire qu'il y a des images dans ce livre.

4 *La littérature* – Literatur

vocabulaire	dt. Bedeutung	phrase française
lire	*lesen*	Ce garçon ne sait pas encore lire.
le livre	*Buch*	Ce livre est vraiment captivant.
la page	*Seite*	Ce livre a plus de 100 pages.
la librairie	*Buchhandlung*	Dans cette librairie, on vend toutes sortes de livres.
la bibliothèque	*Bücherei*	À la bibliothèque, on peut emprunter des livres, des livres audio et aussi des jeux et des films.
l'œuvre [f]	*Werk*	J'ai l'œuvre entière de cet auteur.
la poésie	*Dichtung*	Il fait de la poésie.
le poème	*Gedicht*	Un poème est une œuvre littéraire en vers.
le conte	*Märchen, Erzählung*	Les enfants aiment écouter des contes de fée.
le roman	*Roman*	Qui ne connait pas les romans policiers de Georges Simenon ?
le roman policier	*Krimi*	
la bande dessinée (BD)	*Comic*	La bande dessinée n'est pas seulement pour les enfants, il y en a aussi pour les adultes.
l'aventure [f]	*Abenteuer*	Notre voyage en Italie était une vraie aventure.
raconter	*erzählen*	Ce livre raconte l'histoire d'un garçon qui cherche ses parents.
décrire	*beschreiben*	Cet auteur décrit tous les détails.

vocabulaire	dt. Bedeutung	phrase française
imaginer qc	*etw. erfinden*	Cette histoire, est-elle vraie ou est-ce que tu l'as imaginée ?
s'imaginer qc	*sich etw. vorstellen, einbilden*	Gilbert s'était imaginé qu'il pouvait réussir sans travailler.
publier	*veröffentlichen*	En 1992, Amélie Nothomb a publié son premier livre.
l'auteur, e [m/f]	*Autor*in, Urheber*in*	Rousseau était un auteur célèbre.
l'écrivain, e [m/f]	*Schriftsteller*in*	Une écrivaine écrit des livres.
le/la poète	*Dichter*in*	Un poète écrit des poèmes.

5 *Les jeux* – Spiele

vocabulaire	dt. Bedeutung	phrase française
le loisir	*Freizeit, Hobby*	Le loisir, c'est le temps libre.
s'amuser	*sich amüsieren*	On va bien s'amuser ce soir.
s'ennuyer	*sich langweilen*	Elle s'ennuie parce que personne ne vient jouer avec elle.
le jeu, x	*Spiel*	On fait un autre jeu ?
jouer	*spielen*	C'est à toi de jouer, c'est ton tour.
jouer à qc	*[ein Spiel] spielen*	On va jouer aux cartes ?
le jouet	*Spielzeug*	La chambre d'Arthur est pleine de jouets.
l'ours en peluche [m]	*Teddybär, Plüschbär*	Tu as onze ans et tu joues toujours avec ton ours en peluche ?
la carte	*Karte*	Ce jeu de carte a quatre as : l'as de cœur, de pique, de trèfle et de carreau.
deviner qc	*etw. erraten*	Quand on joue il faut souvent deviner la pensée des autres joueurs.
risquer qc	*etw. riskieren*	Qui ne risque rien n'a rien.
cacher qc	*etw. verstecken*	Il m'énerve. Il cache toujours mon jeu vidéo.
se cacher	*sich verstecken*	Quand on joue à cache-cache, on se cache.

6 *Les médias* – Medien

vocabulaire	dt. Bedeutung	phrase française
les médias [m/pl]	*Medien*	La radio, la télévision et les journaux sont différents médias.
la télé	*Fernseher*	As-tu une télé dans ta chambre ?
l'ordinateur [m] (portable)	*Computer, Laptop*	L'ordinateur est un instrument utile et pratique.
la tablette	*Tablet*	Je préfère la tablette à l'ordinateur portable.
la radio	*Radio*	Nous écoutons toujours la radio dans la voiture.
l'écran [m]	*Bildschirm*	L'écran attire les regards des enfants.
cliquer sur qc	*auf etw. klicken*	Il faut cliquer deux fois sur ce symbole pour faire apparaitre l'image sur l'écran.
appuyer sur qc	*auf etw. drücken*	Appuyez sur ce bouton si vous voulez allumer la télé.
allumer	*anmachen*	Allume la radio, il y a le journal.
éteindre	*ausschalten*	Qui a oublié d'éteindre la télé ?
le CD	*CD*	Ma mère a une grande collection de CD. Moi, j'utilise mon smartphone pour écouter à la musique.
le DVD	*DVD*	Tu as encore des films sur DVD ?
Internet [m]	*Internet*	Nous avons trouvé les informations sur Internet.
le réseau, x	*Netz*	L'Internet est un réseau mondial.
les réseaux sociaux [m/pl]	*soziale Netzwerke, Social Media*	Mon frère utilise beaucoup les réseaux sociaux.
l'accès [m]	*Zugang*	As-tu un accès Internet ?
le site	*(Internet-)Seite*	Est-ce que tu connais l'adresse de ce site ?
la chaine (de télévision)	*(Fernseh-)Kanal*	ARTE est une chaine franco-allemande.
le programme	*Programm*	Le programme qu'ils proposent ce soir est nul.

vocabulaire	dt. Bedeutung	phrase française
l'émission [f]	*Sendung*	Il aimerait participer au casting pour l'émission « Nouvelle Star ».
le film	*Film*	J'ai regardé le film sur Netflix.
la pub(licité)	*Werbung*	Il y a trop de publicité à la télé.
le journal -aux	*Zeitung*	Il lit le journal pendant le petit déjeuner.
le magazine/ la revue	*Zeitschrift* *Zeitschrift*	Les magazines et les revues sont des journaux illustrés.
l'interview [f]	*Interview*	Une interview est une conversation entre un ou une journaliste et une personne plus ou moins célèbre.
rédiger	*verfassen*	Le journaliste rédige un article pour un magazine.

7 *Les sorties* – Ausgehen

vocabulaire	dt. Bedeutung	phrase française
sortir	*ausgehen*	Jean-Paul n'aime pas les sorties, il ne sort jamais.
inviter qn l'invitation [f]	*jdn. einladen* *Einladung*	Tu vas inviter Claude ? Il va accepter ton invitation.
aller chez qn aller à qc	*zu jdm. gehen* *irgendwohin gehen*	Cet après-midi, il va chez son copain. Est-ce qu'on va au cinéma ? – Pourquoi pas.
aller voir qn	*jdn. besuchen*	Emma est malade. On va la voir ?
rencontrer qn	*jdn. treffen*	Hier, j'ai rencontré un garçon très sympa.
la rencontre	*Treffen, Begegung*	Je n'oublierai jamais cette rencontre.
le rendez-vous	*Verabredung, Termin*	Michel a rendez-vous avec Sylvie dans le parc Montsouris.
accompagner qn	*jdn. begleiten*	Denis veut accompagner Chantal à la maison.

vocabulaire	dt. Bedeutung	phrase française
amener qn	*jdn. mitnehmen*	Le taxi nous a amenés de l'aéroport en ville.
emmener qn	*jdn. mitnehmen*	Il m'a emmené dans sa voiture à la plage.
se promener	*spazieren gehen*	Tu veux faire une promenade ? On peut se promener dans le parc.
la promenade	*Spaziergang*	Si tu fais une promenade en haute montagne, sois prudent.
avoir lieu	*stattfinden*	La fête aura lieu sur la place de la République.
l'évènement [m]	*Ereignis*	Un évènement est quelque chose qui arrive et qui a de l'importance.
le spectacle	*Vorstellung, Darbietung*	Les spectacles sont toutes les activités devant des spectateurs.
le musée	*Museum*	Cette peinture est exposée au musée du Louvre.
l'exposition [f]	*Ausstellung*	Au musée, il y a une exposition sur les œuvres de Rodin.
le ciné(ma)	*Kino*	Beaucoup de jeunes ne disent pas « cinéma » mais simplement « ciné ».
le théâtre	*Theater*	Les jeunes préfèrent le cinéma au théâtre.
l'opéra [m]	*Oper*	Tu t'imagines, mes parents m'ont demandé de les accompagner à l'opéra !
l'acteur, -trice [m/f]	*Schauspieler*in*	Sophie Marceau est une actrice très connue en France.
la scène	*Bühne*	Elle se sent bien sur la scène.
l'auditeur, -trice	*Zuhörer*in*	Chers auditeurs, chères auditrices, vous allez assister à un concert extraordinaire.
le/la spectateur, -trice	*Zuschauer*in*	Les spectateurs n'ont plus arrêté d'applaudir après la représentation.
se renseigner	*sich erkundigen*	Je ne sais pas quel film passe au cinéma, mais je vais me renseigner.

8 *La mode* – Mode

vocabulaire	dt. Bedeutung	phrase française
la mode	*Mode*	Les jeans sont toujours à la mode.
le vêtement	*Kleidungsstück*	Mets tes vêtements de pluie, il va bientôt commencer à pleuvoir.
s'habiller	*sich anziehen*	Tu ne peux pas t'habiller correctement ?
mettre qc	*etw. anziehen*	Stéphane met son manteau et sort.
ôter qc	*etw. ausziehen*	Elle ôte ses chaussures et ses chaussettes et court dans l'eau.
nu, e	*nackt, bloß*	En été, les enfants marchent pieds nus.
le pantalon	*Hose*	Elle porte seulement des pantalons noirs.
la jupe	*Rock*	En été, Nadine préfère les jupes aux jeans.
la robe	*Kleid*	Une robe est un vêtement de femme fait d'un seul morceau.
la chemise	*Hemd*	Mets une chemise, on va sortir.
le pull(-over)	*Pullover*	On peut dire « pull-over » ou simplement « pull ».
le T-shirt	*T-Shirt*	Quand il fait chaud, elle aime porter un T-shirt.
la veste	*Jacke*	Mets une veste, il fait froid.
le manteau, x	*Mantel*	N'oublie pas ton manteau.
l'imper(méable) [m]	*Regenjacke*	Zut, il commence à pleuvoir et j'ai oublié mon imperméable.
la chaussette	*Socke*	Dans la machine à laver, il n'y a qu'une seule chaussette. Je ne trouve plus la deuxième.
la chaussure	*Schuh*	Elle a une vingtaine de chaussures dans son armoire.
le chapeau, x	*Hut*	Il protège son visage du soleil sous un grand chapeau.

vocabulaire	dt. Bedeutung	phrase française
le gant	*Handschuh*	Tes mains sont toutes froides. Pourquoi n'as-tu pas mis tes gants?
le maillot de bain	*Badeanzug, Badehose*	Emportez vos maillots de bain. Dans notre hôtel, il y a une petite piscine.
le bouton	*Knopf*	Cette veste a trois boutons.
la poche	*Tasche*	On ne peut rien mettre dans ces poches, elles sont trop petites.
le trou	*Loch*	Il a un grand trou dans sa chaussette.
se maquiller	*sich schminken*	A onze ans, elle a commencé à se maquiller.
le bijou, x	*Schmuckstück*	Les jeunes filles portent souvent de faux bijoux.
précieux, -se	*wertvoll*	Le diamant est une pierre précieuse.
les lunettes [f/pl]	*Brille*	Il a deux paires de lunettes de soleil.
le parapluie	*Schirm*	Emmène ton parapluie, il va peut-être pleuvoir.
aller bien avec qc	*gut zu etw. passen*	À mon avis les chaussures de sport ne vont pas bien avec une jupe, il vaut mieux ne pas les mettre ensemble.
élégant, e	*elegant*	Elle est une femme élégante, elle s'habille toujours bien.
chic	*schick*	Elle est toujours très chic pour sortir.

Les vacances – Urlaub

1 *Le voyage et le tourisme* – Reise und Tourismus

vocabulaire	dt. Bedeutung	phrase française
les vacances [f/pl]	*Ferien, Urlaub*	Demain, je vais partir en vacances. – Bonnes vacances alors !
le/la touriste	*Tourist*in*	Le nombre de touristes qui viennent ici a augmenté ces dernières années.
le voyage **voyager**	*Reise* *reisen*	Bon voyage ! Il aime voyager à travers le monde.
partir **le départ**	*ab-, wegfahren/-fliegen* *Abfahrt*	Nous partirons demain pour Paris. Avant le départ, il nous avait dit qu'il connaissait bien la route.
arriver **l'arrivée [f]**	*ankommen* *Ankunft*	L'arrivée du train sera à midi. Nous allons donc arriver chez vous vers une heure et demie.
la valise	*Koffer*	Vous n'avez pas encore fait vos valises ?
le trajet	*(Weg-)Strecke*	Il a trente minutes de trajet pour aller au bureau où il travaille.
le séjour	*Aufenthalt*	Notre séjour en Auvergne était de courte durée.
le lieu **l'endroit [m]**	*Ort* *Ort*	C'est le lieu de mon enfance. La plage est l'endroit préféré des enfants.
le site	*Gebiet, Gegend*	Nous avons visité les principaux sites touristiques de la région.
situé, e	*gelegen*	La ville de Cannes est située au bord de la Méditerranée.
l'office [m] de tourisme	*Touristeninformation, Fremdenverkehrsamt*	À l'office de tourisme, on nous a proposé un bon hôtel.

vocabulaire	dt. Bedeutung	phrase française
le plan	*Plan*	Patrick cherche une rue sur le plan.
le guide	*Reiseführer [Buch]* *Reiseführer*in [Person]*	Il achète un grand guide avec des cartes détaillées dedans. Ce guide connait bien la région.
l'excursion [f]	*Ausflug*	Vous avez envie de faire une excursion en montagne?
la visite	*Besuch*	La visite du musée est gratuite, on peut le visiter sans payer.
visiter	*besuchen, besichtigen*	
le pique-nique	*Picknick*	Un pique-nique est un repas en plein air.
le banc	*Bank*	Il n'y a pas de bancs ici pour faire le pique-nique.
la caméra	*Kamera*	La caméra est l'appareil qui sert à faire des films.
l'appareil photo [m]	*Fotoapparat*	J'ai un nouvel appareil photo numérique.
la photo	*Foto*	Il a pris des photos magnifiques de Marseille.
profiter de qc	*etw. ausnützen*	Allons dehors. Il faut profiter du beau temps.

2 *L'hébergement* – Unterkunft

vocabulaire	dt. Bedeutung	phrase française
l'auberge [f] de jeunesse	*Jugendherberge*	Nous avons passé la nuit à l'auberge de jeunesse.
l'hôtel [m]	*Hotel*	On a passé nos vacances dans un hôtel quatre étoiles.
réserver	*reservieren*	Il réserve une chambre à deux lits.
le terrain de camping	*Campingplatz*	En été, les terrains de camping sont souvent complets.
la tente	*Zelt*	On restait sous la tente pendant qu'il pleuvait.

Les moyens de transport – Verkehrsmittel

1 *La circulation routière* – Straßenverkehr

vocabulaire	dt. Bedeutung	phrase française
la circulation	*Verkehr*	Il y avait beaucoup de circulation hier.
à pied	*zu Fuß*	On prend la voiture ou on y va à pied ?
le trottoir	*Gehsteig*	Il est interdit de garer sa voiture sur le trottoir.
traverser	*überqueren, durchfahren*	Pour aller au Louvre, traversez le pont et tournez à droite.
la bicyclette/	*Fahrrad*	On m'a volé ma bicyclette.
le vélo	*Fahrrad*	Patrick est fier de son nouveau vélo tout terrain (V.T.T.).
la moto	*Motorrad*	Léa fait de la moto.
la voiture	*Auto, Pkw*	En voiture, on va partir !
le camion	*Lastwagen, Lkw*	Il a eu un accident avec un camion.
le chemin	*Weg*	Elle nous a demandé son chemin.
la rue	*Straße [innerorts]*	Des enfants jouent dans la rue.
la route	*Straße [außerorts]*	En ce moment, il n'y a pas de circulation sur la route.
l'autoroute [f]	*Autobahn*	L'Autoroute du Soleil nous mène dans le Midi.
le virage	*Kurve*	Cette rue a beaucoup de virages.
le carrefour	*Kreuzung*	Strasbourg est appelée le « carrefour de l'Europe ».
le feu, x	*Ampel*	Elles ont traversé la rue au feu rouge.
la station-service	*Tankstelle*	Où est la prochaine station-service ?
l'embouteillage [m]	*Stau*	Sur l'autoroute, il y avait un grand embouteillage.

vocabulaire	dt. Bedeutung	phrase française
rouler	*fahren*	Ne roule pas si vite, cette route est dangereuse.
continuer	*weiterfahren*	Pour arriver à la mairie, il faut continuer tout droit.
diriger	*leiten*	Il nous dirige vers un grand parking.
s'arrêter	*anhalten*	La voiture s'arrête au feu rouge.
garer	*parken*	Comme d'habitude il n'y a pas de place pour garer ma voiture.
le sens/	*Richtung*	Tu es sûr qu'on va dans le bon sens ?
la direction	*Richtung*	Elle est partie en direction de la gare.
à gauche	*links*	Après le feu, tournez à gauche.
à droite	*rechts*	À droite ? C'est le côté qui est du côté de la main droite.
tout droit	*geradeaus*	Allez tout droit et vous allez arriver au jardin des Tuileries.
l'attention [f]	*Aufmerksamkeit*	Fais attention quand tu traverses la rue.
l'accident [m]	*Unfall*	Il y avait un accident.
le garage	*Werkstatt, Garage*	Nous avons eu une panne et mon père a dû chercher un garage.
réparer	*reparieren*	Il n'est plus possible de réparer la voiture.

2 *Les moyens de transports publics –* Öffentliche Verkehrsmittel

vocabulaire	dt. Bedeutung	phrase française
le(s) moyen(s) de transport	*Mittel, Weg, Transportmittel*	L'autobus, le métro, le tram et le train sont des moyens de transport publics.
conduire	*fahren, lenken*	C'est toi qui conduis la voiture, papa ?
le taxi	*Taxi*	Allez, on va prendre un taxi, il n'y a pas d'arrêt d'autobus par ici.
l'autobus [m]	*Bus*	L'autobus est moins cher que le taxi.

vocabulaire	dt. Bedeutung	phrase française
le tram(way)	*Straßenbahn, Tram*	Le tramway circule sur des rails à l'intérieur d'une grande ville.
le métro	*Metro, U-Bahn*	Le métro parisien est pratique.
le train	*Zug*	Le TGV est un train à grande vitesse.
l'avion [m]	*Flugzeug*	Nous prenons l'avion pour y aller.
le bateau, x	*Boot, Schiff*	Tu as déjà fait un voyage en bateau ?
l'arrêt [m]	*Haltestelle*	Prochain arrêt, Trocadéro !
la gare	*Bahnhof*	À Paris, il y a six grandes gares.
le quai	*Bahnsteig*	Il y a toujours du monde sur les quais du métro parisien.
la voie	*Spur, Gleis*	Il est défendu de traverser les voies de train.
l'aéroport [m]	*Flughafen*	Orly et Charles de Gaulle sont les plus grands aéroports de Paris.
le vol	*Flug*	Tu sais l'horaire du vol ?
le port	*Hafen*	On a visité le vieux port de Marseille.
l'horaire [m]	*Fahrplan, Stundenplan*	L'horaire des trains nous indique leurs heures de départ et d'arrivée.
le billet /	*Fahrkarte, Ticket*	Voyager sans billet peut couter cher.
le ticket	*Fahrkarte, Ticket*	Où est mon ticket ? Je suis sûr de l'avoir mis dans ma poche.
changer de qc	*etw. wechseln*	À Paris, il faut changer de gare.
attendre	*(er-)warten*	On vous attendra vers une heure.
le retard	*Verspätung*	Ça m'énerve, le train est toujours en retard.
être en retard	*Verspätung haben*	
être à l'heure	*pünktlich sein*	À l'école, il faut être à l'heure.
être en avance	*zu früh da sein*	Il vaut toujours mieux être en avance qu'en retard.
monter	*einsteigen*	Après un bref adieu, il est monté dans l'autobus.
descendre	*aussteigen*	Pourriez-vous me dire où je dois descendre pour aller à la tour Eiffel ?

Le monde – Welt

1 *Le climat* – Klima

vocabulaire	dt. Bedeutung	phrase française
le temps	*Wetter*	En montagne, le temps peut changer très vite.
la météo	*Wetter(vorhersage)*	Avant de monter jusqu'au sommet de la montagne écoutez la météo.
la saison	*Jahreszeit*	Pendant la saison sèche, les animaux souffrent de manque d'eau.
le printemps	*Frühling*	Au printemps, mon petit frère fêtera son dixième anniversaire.
l'été [m]	*Sommer*	L'été est la saison la plus chaude.
l'automne [m]	*Herbst*	J'adore les forêts en automne.
l'hiver [m]	*Winter*	Tu fais des sports d'hiver ?
mouillé, e	*nass*	Avant, la rue était encore mouillée.
sec, sèche	*trocken*	Maintenant, elle est sèche.
la pluie	*Regen*	J'aime marcher sous la pluie.
pleuvoir	*regnen*	Quand va-t-il s'arrêter de pleuvoir ?
la neige	*Schnee*	La neige tombe sans arrêt.
neiger	*schneien*	Il a neigé dans la nuit.
le nuage	*Wolke*	En novembre, le ciel est souvent chargé de nuages.
l'orage [m]	*Gewitter*	Il y a de l'orage dans l'air.
l'éclair [m]	*Blitz*	Les éclairs sont accompagnés de coups de tonnerres.
le tonnerre	*Donner*	Tout à coup, on a entendu un coup de tonnerre.
la tempête	*Sturm*	Ce n'est pas le moment de partir, une tempête se lève.
le vent **souffler**	*Wind* *wehen, blasen*	Le mistral est un vent qui souffle dans la vallée du Rhône et sur la Méditerranée.

vocabulaire	dt. Bedeutung	phrase française
la température **le degré**	*Temperatur* *Grad*	La température est de 22 degrés. Aujourd'hui il fait 22 degrés.
la chaleur **chaud, e**	*Wärme, Hitze* *warm*	Je n'aime pas la chaleur. Par ce temps, tu veux avoir une boisson chaude?
le froid **froid, e**	*Kälte* *kalt*	Elle tremble de froid. La nuit, j'ai tellement froid que je me mets des chaussettes.
faire chaud **faire froid**	*warm sein* *kalt sein*	Il faisait très chaud. En janvier, il fait très froid chez nous.
avoir chaud **avoir froid**	*schwitzen* *frieren*	Enlève ton pullover si tu as chaud. Rentrons, les enfants, j'ai froid.
gelé, e	*gefroren*	Le lac était entièrement gelé.
le ciel **la terre**	*Himmel* *Erde*	Cette nuit, le ciel est étoilé. La terre tourne autour du soleil.
le soleil **la lune** **l'étoile** [f]	*Sonne* *Mond* *Stern*	Il fait trop chaud au soleil. Il rêve, il est dans la lune. Cette nuit, on voit bien les étoiles.
le monde	*Welt*	La Provence est une région unique au monde.

2 *Les mers, les rivières et les lacs* – Meere, Flüsse und Seen

vocabulaire	dt. Bedeutung	phrase française
l'eau [f]	*Wasser*	Il n'y a rien de plus important que l'eau.
la mer	*Meer*	La mer couvre la plus grande partie du globe.
l'océan [m]	*Ozean*	Brest est une ville au bord de l'océan Atlantique.
la vague	*Welle*	J'aime le bruit des vagues à la mer.
l'ile [f]	*Insel*	La Corse, c'est l'ile de la Beauté.

vocabulaire	dt. Bedeutung	phrase française
la côte	*Küste*	La Bretagne se trouve sur la côte Atlantique.
la plage	*Strand*	En aout la plage est toujours pleine de touristes.
le fleuve	*Fluss [der ins Meer mündet], Strom*	Le Rhin et le Rhône sont des fleuves.
la rivière	*Fluss, Bach*	Les rivières se jettent dans les fleuves.
couler	*fließen*	Les rivières coulent dans leurs lits.
le lac	*See*	On pourrait faire du camping au bord du lac.
se baigner **se reposer**	*baden* *sich ausruhen*	À la plage, on voit souvent que les jeunes se baignent pendant que les parents se reposent.
la serviette	*Handtuch*	François emporte une serviette de bain à la piscine.
se faire bronzer	*sich bräunen lassen*	Tout le monde veut se faire bronzer, souvent sans penser aux dangers.
briller	*scheinen, glänzen*	Le soleil du Midi brillait du matin jusqu'au soir.
le rayon	*Strahl*	Les rayons de soleil peuvent causer des maladies.

3 *La terre* – Erde

vocabulaire	dt. Bedeutung	phrase française
le paysage	*Landschaft*	J'aime le paysage de Provence.
la campagne	*Land [im Gegensatz zur Stadt]*	Tu préfères la vie à la campagne ou la vie en ville ?
le bois	*Wald [bewirtschaftet]*	Le Bois de Boulogne est un grand parc à Paris.
la forêt	*Wald [allg.]*	J'aime les promenades dans la forêt.

vocabulaire	dt. Bedeutung	phrase française
le champ	*Feld*	Le paysan travaille dans ses champs.
les céréales [f/pl]	*Getreide*	La plupart des céréales servent à faire de la farine.
le vignoble	*Weinberg*	La Bourgogne est un pays de vignobles.
le désert	*Wüste*	Il ne pleut presque jamais dans le désert.
le sable	*Sand*	Le Sahara est un grand désert de sable.
la montagne	*Berg, Gebirge*	En septembre, on va à la montagne.
la colline	*Hügel*	Une colline est une petite montagne.
la vallée	*Tal*	Ils descendent la montagne en ski jusqu'à la station dans la vallée.
le volcan	*Vulkan*	Nous avons passé la nuit dans un hôtel au pied du volcan.
l'éruption [f]	*Ausbruch*	En l'an 79, une éruption volcanique a détruit la ville de Pompéi.
le tremblement de terre	*Erdbeben*	En Grèce, il y a souvent des tremblements de terre.
le rocher	*Fels*	Tu as déjà vu le rocher de Gibraltar?
la pierre	*Stein*	Le chemin était plein de petites pierres.
l'altitude [f]	*Höhe*	L'Everest a 8 848 mètres d'altitude.
haut, e	*hoch*	Le mont Blanc est la montagne la plus haute d'Europe.
profond, e	*tief*	Ce lac est très profond.

4 *L'environnement* – Umwelt

vocabulaire	dt. Bedeutung	phrase française
l'environnement [m]	*Umwelt*	Protégeons notre environnement.
la nature	*Natur*	Qu'est-ce qu'il y a de plus naturel que de protéger la nature?

vocabulaire	dt. Bedeutung	phrase française
respecter qn/qc	*respektieren*	Respectez la nature !
protéger	*schützen*	Il faut protéger l'environnement.
sauver	*retten*	Tout le monde veut sauver la terre, mais personne ne sait comment.
la mesure	*Maßnahme*	On doit enfin prendre des mesures contre la pollution.
le projet	*Vorhaben, Plan*	Avant d'agir, il faut faire des projets.
le moyen	*Mittel, Weg*	On n'a pas encore trouvé de moyens pour prédire des tremblements de terre.
l'effet [m]	*Wirkung*	L'effet de cette mesure sera rapide.
changer qc	*etw. ändern, wechseln*	Je crois que nous devons changer notre manière de vivre.
l'air [m]	*Luft*	L'air dans les grandes villes est souvent sale.
la terre	*Erde*	La terre n'est à personne.
le sol	*Boden*	Le sol est à la surface de la terre.
le feu, x	*Feuer*	Au feu ! La table a pris feu.
l'incendie [m]	*Brand*	Un incendie est un grand feu.
bruler [intr.]	*brennen*	Les forêts des pays méditerranéens brulent facilement en été.
la pollution	*Verschmutzung*	La pollution n'était jamais pire qu'aujourd'hui.
détruire	*zerstören*	L'incendie a détruit tout un village.
la catastrophe	*Katastrophe*	Une catastrophe est un malheur terrible et brutal.
abandonner	*aufgeben*	Il ne faut jamais abandonner.
continuer à faire qc	*weitermachen, etw. zu tun*	Il faut continuer à espérer, même si les perspectives ne sont pas bonnes.
renoncer à qc	*auf etw. verzichten*	Le problème c'est que les gens ne veulent pas renoncer au confort.
s'engager pour	*sich einsetzen für*	Elle s'est engagée pour ce projet.

vocabulaire	dt. Bedeutung	phrase française
espérer **l'espoir** [m]	*hoffen* *Hoffnung*	J'espère qu'on réussira, ce n'est pas sans espoir.
désespérer	*verzweifeln*	Il est désespéré parce que le feu a détruit toute sa maison.
le désespoir	*Verzweiflung*	Le désespoir est une très grande tristesse.
éviter de faire qc	*vermeiden, etw. zu tun*	Evitez de faire du bruit dans la forêt.
empêcher de faire qc	*verhindern, etw. zu tun*	La fumée les empêchait de respirer.
avoir besoin de	*brauchen*	On a besoin d'un meilleur équipement pour éteindre ce feu.
grave	*schwer, schlimm*	Ça peut causer des maladies graves.
l'or [m]	*Gold*	L'or est un métal rare.
l'argent [m]	*Silber*	Elle a un bracelet en argent.
le bois	*Holz*	Pour mon petit cousin, j'ai acheté des jouets en bois.
le verre	*Glas*	Les fenêtres sont en verre.
fragile	*zerbrechlich*	Fais attention. Ce paquet est fragile.

5 *Les pays et régions* – Länder und Regionen

vocabulaire	dt. Bedeutung	phrase française
l'Europe [f]	*Europa*	L'euro, la monnaie européenne, est accepté partout en Europe.
l'Amérique [f]	*Amerika*	Le Canada se trouve en Amérique du Nord.
l'Afrique [f]	*Afrika*	L'Afrique est l'un des continents de la Terre.
l'Asie [f]	*Asien*	L'Asie est le plus grand continent.
le pays	*Land, Heimat*	Tu viens de quel pays ?
la France **français, e**	*Frankreich* *französisch*	L'ile de France n'est pas une ile, mais une région française.
l'Allemagne [f] **allemand, e**	*Deutschland* *deutsch*	Depuis Martin Luther on parle le haut allemand en Allemagne.

vocabulaire	dt. Bedeutung	phrase française
l'Autriche [f] **autrichien, ne**	*Österreich* *österreichisch*	L'autrichien est un dialecte allemand, parlé en Autriche.
la Suisse **suisse**	*Schweiz* *schweizerisch*	En Suisse, il y a quatre langues officielles : l'allemand, le français, l'italien et le romanche. La région où se parle le français s'appelle la Suisse romande.
la Grande-Bretagne	*Großbritannien*	La Grande-Bretagne, c'est l'Angleterre, le Pays de Galles, l'Écosse et l'Irlande du Nord.
britannique	*britisch*	Guernesey est une ile britannique.
l'Angleterre [f] **anglais, e**	*England* *englisch*	Vous parlez bien anglais. Vous l'avez appris en Angleterre ?
la Belgique	*Belgien*	En Belgique, il y a quelques conflits entres les Flamands et les Wallons.
belge	*belgisch*	Une langue belge n'existe pas.
le Luxembourg **luxembourgeois, e**	*Luxemburg* *luxemburgisch*	Vous vivez au Luxembourg ? J'ai la nationalité luxembourgeoise.
les Pays-Bas [m/pl]	*Niederlande*	Les Pays-Bas est un pays plat.
néerlandais, e **hollandais, e**	*niederländisch* *holländisch*	On peut dire qu'on parle hollandais ou néerlandais, c'est pareil.
la Russie	*Russland*	La Russie est le plus grand pays du monde.
russe	*russisch*	Elle est d'origine russe.
l'Espagne [f] **espagnol, e**	*Spanien,* *spanisch*	Le vrai folklore espagnol, on ne le trouve qu'en Espagne.
le Portugal **portugais, e**	*Portugal* *portugiesisch*	Le porto est un vin portugais qu'on trouve seulement au Portugal.
l'Italie [f] **italien, ne**	*Italien* *italienisch*	Pendant notre voyage en Italie nous avons connu la mentalité italienne.
la Grèce **grec, grecque**	*Griechenland* *griechisch*	Elle vit à Volos, en Grèce. Caroline a une grand-mère grecque.

vocabulaire	dt. Bedeutung	phrase française
la Turquie **turc, turque**	*Türkei* *türkisch*	La Turquie a été fondée par les peuples turcs d'Asie centrale.
la Chine **chinois, e**	*China* *chinesisch*	Dans le quartier chinois à Paris, il y a beaucoup de restaurants où on peut manger comme en Chine.
le Maroc **l'Algérie** [f] **la Tunisie**	*Marokko* *Algerien* *Tunesien*	Le Maghreb est une région de l'Afrique du Nord qui comprend trois pays : le Maroc, l'Algérie et la Tunisie.
les États-Unis [m/pl]	*Vereinigte Staaten*	Qui sera le prochain président des États-Unis ?
le Canada	*Kanada*	Au Québec, une province de l'est du Canada, la langue officielle est le français, pas l'anglais.
le Brésil	*Brasilien*	Je rêve d'un voyage au Brésil.
la région	*Gegend, Region*	Le nord de la France est une région industrialisée.
la province	*Provinz*	Celui qui n'habite pas à Paris habite en province.
l'est [m] **l'ouest** [m]	*Osten* *Westen*	Le soleil se lève à l'est et se couche à l'ouest.
le sud	*Süden*	Orléans est au sud de Paris.
le nord	*Norden*	La Normandie se trouve dans le nord de la France.

6 *La ville* – Stadt

vocabulaire	dt. Bedeutung	phrase française
la ville	*Stadt*	Rome, ville éternelle…
le centre-ville	*Innenstadt*	Le centre-ville est le quartier central d'une ville.
la capitale	*Hauptstadt*	Paris est la capitale de la France.
le quartier	*(Stadt-)Viertel*	Un quartier est une partie d'une ville.
la banlieue	*Vorort*	La banlieue parisienne entoure la ville de Paris.

vocabulaire	dt. Bedeutung	phrase française
le village	*Dorf*	De plus en plus de jeunes quittent les villages pour aller vivre en ville.
l'habitant, e [m/f]	*Einwohner*in*	Les habitantes de Paris sont nombreux.
habiter	*wohnen*	Mme Martin habite dans la banlieue.
les gens [m/pl]	*Menschen, Leute*	Les étrangers sont des gens comme toi et moi.
le monde	*Menschen, Leute*	Il y avait beaucoup de monde dans le stade. Tout le monde voulait voir jouer la nouvelle star de l'équipe.
la foule	*Menschenmenge*	La foule applaudit le champion.
le pont	*Brücke*	Il y a beaucoup de ponts à Paris.
la place	*Platz*	Elle habite place d'Italie.
public, publique	*öffentlich*	Une place est un lieu public dans une ville.
privé, e	*privat*	Le parc du château n'est pas ouvert au public, il est privé.

7 *Les adverbes de lieu* – Adverbien des Ortes

vocabulaire	dt. Bedeutung	phrase française
ici	*hier*	Tu pourrais venir ici?
là-bas	*dort*	Le cinéma se trouve là-bas, à côté de la pharmacie.
là-haut	*da oben*	Là-haut on a une vue magnifique.
là-bas	*da unten*	Il faut descendre là-bas.
dedans	*drinnen*	Je t'ai envoyé un paquet. J'ai mis les livres que tu m'as prêtés dedans.
dehors	*draußen*	Les enfants jouent dehors.
partout	*überall*	J'ai cherché partout. Mais je ne trouve plus les clés.
ailleurs	*woanders(hin)*	Allons ailleurs, cet hôtel ne me plait pas.

Les êtres vivants – Lebewesen

1 *Les animaux* – Tiere

vocabulaire	dt. Bedeutung	phrase française
l'animal, -aux [m]	*Tier*	Le chat est un animal d'origine égyptienne.
le chat	*Katze*	Le chat de nos voisins est noir.
le chien	*Hund*	Ce chien n'est pas méchant.
le lapin	*Kaninchen*	Elle aime caresser les lapins.
le hamster	*Hamster*	Beaucoup d'enfants ont un hamster
le cochon d'Inde	*Meerschweinchen*	ou un cochon d'Inde comme animal domestique.
le cheval, -aux	*Pferd*	Caroline rêve d'avoir un cheval.
le mouton	*Schaf*	J'ai un pull en laine de mouton.
le cochon	*Schwein*	Le cochon est un animal intelligent.
la vache	*Kuh*	Les vaches donnent du lait.
le poisson	*Fisch*	Le dauphin n'est pas un poisson.
l'oiseau, x [m]	*Vogel*	Notre chat aime chasser les oiseaux.
le canard	*Ente*	Il sait plonger comme un canard.
le coq	*Hahn*	Le coq est le symbole de la France.
la grenouille	*Frosch*	La grenouille sait bien nager et sauter.
le serpent	*Schlange*	Les serpents me font peur.
la tortue	*Schildkröte*	« Il avance comme une tortue » se dit d'une personne qui va lentement.
l'escargot [m]	*Schnecke*	Pour les Français, l'escargot est un met délicat.
l'huitre [f]	*Auster*	On mange les huitres le jour du Nouvel An.
le moustique	*Mücke*	Chez nous, il y a toujours beaucoup de moustiques en automne.

vocabulaire	dt. Bedeutung	phrase française
domestique **sauvage**	*Haus-, häuslich* *wild*	Il faut faire une différence entre les animaux sauvages et domestiques.
pêcher **chasser**	*fischen, angeln* *jagen*	Tu as pêché des poissons ? Ils chassent un renard.
apparaitre	*auftauchen, erscheinen*	Ici, les dauphins apparaissent quelques fois et accompagnent le bateau.
disparaitre	*verschwinden*	Je ne vois plus le serpent. Il a disparu.

2 *Les plantes* – Pflanzen

vocabulaire	dt. Bedeutung	phrase française
la plante	*Pflanze*	Le jardin de ma grand-mère est plein de plantes différentes.
l'arbre [m]	*Baum*	En automne, les arbres perdent leurs feuilles.
l'ombre [f]	*Schatten*	Il s'est mis à l'ombre de l'arbre.
la fleur	*Blume*	Un bouquet de fleurs est toujours un beau cadeau.
l'herbe [f]	*Gras, Kraut*	Dans le jardin, il faut enlever les mauvaises herbes.
la feuille	*Blatt*	Les feuilles des arbres changent de couleur en automne.
la racine	*Wurzel*	C'est mieux d'enlever les mauvaises herbes avec les racines.
cueillir	*pflücken*	Elle cueille des fleurs dans le jardin.

La société – Gesellschaft

1 *L'histoire* – Geschichte

vocabulaire	dt. Bedeutung	phrase française
l'histoire [f]	*Geschichte*	Claude étudie l'histoire de France.
la mémoire **le monument**	*Gedenken, Gedächtnis* *Denkmal*	On a élevé un monument à la mémoire des victimes.
le souvenir	*Erinnerung, Andenken*	Les habitants de ce village veulent garder le souvenir à cet évènement traumatisant.
se souvenir de qc/	*sich an etw. erinnern*	Je me souviendrai toujours de ce voyage magnifique.
se rappeler qc	*sich an etw. erinnern*	Tu te rappelles le nom du roi qui s'est appelé le Roi-Soleil ?
oublier	*vergessen*	J'ai oublié de l'interroger sur cet évènement.
vieux, vieil, le	*alt*	Le Pont Neuf est un des plus vieux ponts de Paris.
ancien, ne	*ehemalig, alt*	Ce qui existe depuis longtemps est ancien.
l'origine [f]	*Ursprung, Herkunft*	À l'origine du monde, il n'y avait pas encore d'animaux.
le roi, la reine	*König*in*	L'Espagne a un roi comme chef de l'État.
régner	*herrschen*	Cléopâtre a régné en Egypte au 1er siècle avant Jésus-Christ.
le palais	*Palast*	Un palais est un grand château luxueux.
le château, x	*Schloss, Burg*	Nous avons visité le château de Versailles.
l'esclave [m/f]	*Sklave, Sklavin*	Les esclaves n'étaient pas considérés comme des hommes.

vocabulaire	dt. Bedeutung	phrase française
l'émeute [f]	*Aufstand*	En 1789, il y a eu des émeutes de la population parisienne.
la guerre	*Krieg*	La France et l'Allemagne étaient en guerre entre 1939 et 1945.
la paix	*Frieden*	En temps de paix, on peut vivre sans peur.
la bataille	*Schlacht*	Malheureusement, il y a eu beaucoup de batailles entre l'Allemagne et la France.

2 *La politique* – Politik

vocabulaire	dt. Bedeutung	phrase française
l'État [m]	*Staat*	Louis XIV a dit : « L'État, c'est moi. »
le peuple	*Volk*	Le peuple est l'ensemble des citoyens d'un pays.
la population	*Bevölkerung*	La population souffre beaucoup de la crise.
le/la citoyen, ne	*Bürger*in, Staatsangehörige*r*	Chaque citoyen a ses devoirs.
la société	*Gesellschaft*	Tout le monde fait partie de la société.
égal, e, -aux, es	*gleich*	Tous les hommes sont égaux.
la liberté **libre**	*Freiheit* *frei*	Si vous n'êtes pas d'accord, vous avez toute liberté de refuser, vous êtes libre de refuser.
le devoir **le droit**	*Pflicht* *Recht*	Le devoir, c'est ce que l'on doit faire. Chacun a le droit de consulter un avocat.
obliger qn à faire qc	*jdn. zwingen etw. zu tun*	La police a obligé le chauffeur à s'arrêter.
obligatoire	*verpflichtend*	L'école est gratuite mais obligatoire pour les enfants.

vocabulaire	dt. Bedeutung	phrase française
l'indépendance [f]	*Unabhängigkeit*	La guerre d'Indépendance américaine a duré sept ans.
dépendre de	*abhängen von*	Les enfants dépendent de leurs parents, ils sont dépendants de leurs parents.
le pouvoir	*Macht*	Le président américain a plus de pouvoir que le chancelier allemand.
gouverner	*regieren*	C'est une lourde responsabilité de gouverner un pays.
l'homme [m]/ la femme politique	*Politiker*in*	Un ministre est un homme politique.
responsable	*verantwortlich*	Il est responsable de la catastrophe.
s'occuper de qc	*sich um etw. kümmern*	Cette ministre s'occupe des Affaires étrangères.
l'hôtel de ville [m]	*Rathaus*	L'hôtel de ville de Paris ressemble à un palais.
la fonction	*Funktion, Aufgabe*	Ses fonctions dans l'entreprise sont très importantes.
l'affiche [f]	*Plakat*	Toutes ces grandes affiches sont des publicités.
le sondage	*Umfrage*	Un sondage permet de savoir ce que pense l'ensemble de la population.
voter pour/ contre qc/qn	*für/gegen etw./jdn. stimmen*	Pour qui as-tu voté ? – J'ai voté contre le candidat socialiste.
être pour	*dafür sein*	Je suis pour une politique plus libérale.
être contre	*dagegen sein*	Beaucoup de gens sont contre ce projet.
le contraire	*Gegenteil*	Les hommes politiques font souvent le contraire de ce qu'ils ont promis.
la résistance	*Widerstand*	La résistance s'organise contre ce projet.

vocabulaire	dt. Bedeutung	phrase française
la manifestation	*Kundgebung, Demonstration*	Ils sont allés à une manifestation contre le racisme.
protester contre qc/qn	*gegen etw. protestieren*	Les étudiants et étudiantes protestent contre la politique du gouvernement.
exiger qc	*etw. fordern, verlangen*	Ce travail exige du respect.
l'affaire [f]	*Sache, Angelegenheit*	À la télé, ils ont parlé de cette affaire.
agir	*handeln*	Cet homme politique a bien agi envers le public.
réagir	*reagieren*	Comment a-t-il réagi à cette nouvelle ?
conseiller qc à qn	*jdm. etw. raten*	Je vous conseille de faire attention à ce que je dis.
le conseil	*Rat*	C'est le conseil que je vous donne.
le lien	*Verbindung*	Ce n'est pas logique, je ne vois pas de lien entre les deux choses.
la relation	*Beziehung*	Il y a des bonnes et des mauvaises relations.
décider de faire qc	*beschließen, etw. zu tun*	Après deux heures de marche, on a décidé de faire demi-tour.
la frontière	*Grenze [Gebiet]*	À la frontière franco-allemande, on ne contrôle plus les passeports.

3 *Les sciences* – Wissenschaften

vocabulaire	dt. Bedeutung	phrase française
la science	*Wissenschaft*	Les sciences naturelles ? C'est par exemple la biologie.
le progrès	*Fortschritt*	Ces dernières années, il y avait beaucoup de progrès dans le domaine de la protection de l'environnement.
les maths [f/pl]	*Mathe*	Les maths font peur à beaucoup d'élèves.

vocabulaire	dt. Bedeutung	phrase française
la curiosité	*Neugier*	La curiosité est à l'origine du progrès.
découvrir	*entdecken*	Il n'y a plus de nouveaux mondes à découvrir.
s'intéresser à qc **intéressant, e**	*sich für etw. interessieren* *interessant*	Il s'intéresse aux romans policiers. Hier, j'ai vu un documentaire très intéressant sur la vie en banlieue.
penser **réfléchir**	*denken* *überlegen, nachdenken*	Je ne veux pas y penser. Il faut bien réfléchir avant de se décider.
inventer	*erfinden*	On cherche toujours à inventer de nouveaux jeux vidéo.

4 *La religion* – Religion

vocabulaire	dt. Bedeutung	phrase française
la religion	*Religion*	Elle attache beaucoup d'importance à la religion.
croire	*glauben*	Les chrétiens, les juifs et les musulmans croient en un seul Dieu.
Dieu	*Gott*	Dans la Bible, c'est Dieu qui a créé le monde.
créer	*schöpfen, erschaffen*	Dieu a créé les animaux avant les êtres humains.
prier **la prière**	*beten* *Gebet*	Prier, c'est parler à Dieu. Il dit ses prières avant de se coucher.
la croix	*Kreuz*	Jésus est mort sur la croix.
l'église [f]	*Kirche*	Ma grand-mère va à l'église chaque dimanche.
la cathédrale	*Kathedrale, Dom*	La cathédrale de Chartres est impressionnante.

vocabulaire	dt. Bedeutung	phrase française
la mort	*Tod*	La mort fait peur.
le cimetière	*Friedhof*	Le cimetière est le lieu où on enterre les morts.
éternel, le	*ewig*	La vie est un éternel recommencement.
le paradis	*Paradies*	Au Moyen Age, tout le monde croyait qu'ils iraient au paradis ou en enfer après leur mort.
l'enfer [m]	*Hölle*	
l'ange [m]	*Engel*	Elle aimerait être un ange.
le diable	*Teufel*	On s'imagine le diable avec des cornes et une longue queue.

5 *Les problèmes sociaux* – Soziale Probleme

vocabulaire	dt. Bedeutung	phrase française
le problème	*Problem*	En banlieue, les jeunes ont beaucoup de problèmes pour trouver du travail.
la solution	*Lösung*	Enfin, il a trouvé une solution.
dur, e	*hart*	La vie est dure pour quelqu'un qui n'a pas de travail.
difficile	*schwer*	Il est difficile de trouver un emploi à cinquante ans.
facile	*leicht*	La vie n'est pas toujours facile.
le chômage	*Arbeitslosigkeit*	Il est au chômage depuis deux ans.
la solitude	*Einsamkeit*	Il y a beaucoup de vieilles personnes qui vivent dans la solitude.
seul, e	*allein, einsam*	Mes parents sont sortis. Je suis seul à la maison.
la misère	*Elend*	Beaucoup de gens pauvres finissent leur vie dans la misère.
pauvre	*arm*	Dans cette ville riche il y a tant de gens pauvres.
riche	*reich*	

vocabulaire	dt. Bedeutung	phrase française
l'étranger, ère	*Ausländer*in*	Paul s'est marié avec une étrangère.
le préjugé	*Vorurteil*	Avant, j'avais des préjugés contre lui, mais maintenant je le connais mieux.
la fuite	*Flucht*	À mon avis, la fuite n'est pas une solution pour ton problème.
le danger	*Gefahr*	« Attention ! Danger de mort ! » veut dire que votre vie pourrait être en danger.
dangereux, -se	*gefährlich*	Ce voyage peut devenir dangereux.
fumer	*rauchen*	Fumer n'est pas bon pour la santé.
la cigarette	*Zigarette*	Les cigarettes sont mauvaises pour la santé.
la drogue	*Droge*	La police observe le vendeur de drogues.
le crime	*Verbrechen*	Un crime est une faute très grave qui est punie par la loi.
la violence	*Gewalt*	La violence à l'école est un sujet dont on discute partout.
violent, e	*gewalttätig, gewaltsam*	Il ne peut pas contrôler ses sentiment, il devient agressif et violent.
agressif, -ve	*angriffslustig*	Pourquoi est-ce que tu me réponds sur ce ton agressif ?
voler	*stehlen*	Au voleur ! Il m'a volé mon sac !
le/la voleur, -euse	*Dieb*in*	La police a arrêté la voleuse.
battre qn	*jdn. schlagen*	Ils m'ont battu sans raison.
le coup	*Schlag*	Il a reçu un coup sur la tête.
le meurtre	*Mord*	Cet homme est accusé de meurtre.
tuer	*töten*	Il a tué deux femmes.
la victime	*Opfer*	Les animaux sont souvent les victimes des activités humaines.
le secours	*Rettung, Hilfe*	Au secours ! Aidez-nous !

vocabulaire	dt. Bedeutung	phrase française
la police	*Polizei*	Un agent de police règle la circulation au carrefour.
la gendarmerie	*Gendarmerie, Polizeidienststelle*	Ils ont emmené le voleur à la gendarmerie.
arrêter qn	*jdn. aufhalten, festnehmen*	Arrêtez le voleur !
accuser qn de qc	*jdn. wegen etw. anklagen*	Monsieur, on vous a accusé de vol.
le témoin	*Zeuge, Zeugin*	La police cherche des témoins de l'accident.
observer	*beobachten*	Il y a des gens qui observent ce que font leurs voisins.
prouver qc	*etw. beweisen*	Ils ont pu prouver qu'ils avaient raison.
juste	*gerecht, richtig*	Pourquoi est-ce que vous me punissez ? Ce n'est pas juste ! Je n'ai rien fait !
injuste	*ungerecht*	Ces impôts sont injustes.
justifier	*rechtfertigen*	Qu'avez-vous à dire pour vous justifier ?
la justice	*Gerechtigkeit, Justiz*	Il n'y a plus de justice dans ce monde !
avouer qc	*etw. zugeben*	Le gouvernement a avoué avoir fait une faute.
la vérité	*Wahrheit*	Jurez de dire la vérité, toute la vérité et rien que la vérité.
vrai, e	*wahr*	C'est une histoire vraie et authentique.
punir	*bestrafen*	On doit punir les gens qui polluent l'environnement.
la prison	*Gefängnis*	Le meurtrier a été mis en prison.

Le temps – Zeit

1 *La montre et l'heure* – Uhr und Uhrzeit

vocabulaire	dt. Bedeutung	phrase française
l'horloge [f]	*Uhr*	Il est cinq heures à l'horloge de l'hôtel de ville.
la montre	*Armbanduhr*	Il a acheté sa montre au supermarché pour dix euros.
le réveil	*Wecker*	Normalement mon réveil sonne à six heures et demie.
la date	*Datum*	Je déteste apprendre des dates par cœur.
l'heure [f]	*Stunde, Uhrzeit*	Il partira dans une demi-heure.
la minute	*Minute*	Le train est parti il y a une minute.
la seconde	*Sekunde*	Attends une seconde, je reviens tout de suite.
le moment	*Augenblick, Moment*	Un moment, s'il vous plait. Le match de foot commence en ce moment.
durer	*dauern*	En France, les cours durent cinquante-cinq minutes.
passer	*verbringen*	Ici, j'ai passé mon enfance.
se passer	*verlaufen*	Tout s'est bien passé.
bref, brève	*kurz*	Il fait une brève pause.
long, longue	*lang*	Elle est restée un long moment sans rien dire.
le début	*Anfang*	Au début de mon séjour en France, j'avais du mal à me faire comprendre.
la fin	*Ende*	À la fin, je me suis bien débrouillé.
commencer à faire qc	*beginnen etw. zu tun*	Tu commences à m'énerver.
arrêter/finir de faire qc	*aufhören, etw. zu tun*	Quand est-ce que tu as arrêté de travailler?
venir de faire qc	*gerade etw. getan haben*	L'amie de Michel vient d'arriver.

2 *Le jour* – Tag

vocabulaire	dt. Bedeutung	phrase française
le jour	*Tag*	Il travaille jour et nuit.
la journée	*Tag [im Verlauf]*	Nous avons passé une belle journée sur la plage.
le matin	*Morgen*	Le matin est le début de la journée.
la matinée	*Morgen [im Verlauf]*	La matinée est la première partie de la journée qui va du lever du soleil jusqu'à midi.
(le) midi	*Mittag*	Nous déjeunons toujours à midi.
l'après-midi [m]	*Nachmittag*	Tu viens me voir cet après-midi ?
le soir	*Abend*	Profitons des beaux soirs d'été.
la soirée	*Abend [im Verlauf]*	Nous avons passé une excellente soirée.
la nuit	*Nacht*	Il fait nuit très tôt en hiver.
(le) minuit	*Mitternacht*	Mon frère est rentré à minuit.
hier	*gestern*	On est arrivé hier.
aujourd'hui	*heute*	Aujourd'hui, je vais aller au stade.
demain	*morgen*	À demain !

3 *Les années, les mois, la semaine* – Jahre, Monate, Woche

vocabulaire	dt. Bedeutung	phrase française
le siècle	*Jahrhundert*	Un siècle est une période de cent ans.
l'an [m]	*Jahr*	Ils sont mariés depuis douze ans.
l'année [f]	*Jahr [im Verlauf]*	Le premier janvier on se souhaite « Bonne Année ! ».
le mois [m]	*Monat*	L'année a douze mois.
janvier [m]	*Januar*	L'année commence le 1er janvier.
février [m]	*Februar*	Février compte parfois 29 jours.
mars [m]	*März*	Le printemps commence le 21 mars.
avril [m]	*April*	Le premier avril on se fait des farces.
mai [m]	*Mai*	Le Premier Mai est la fête du Travail.
juin [m]	*Juni*	Tu aimes bien le mois de juin ?

vocabulaire	dt. Bedeutung	phrase française
juillet [m]	*Juli*	En juillet, il fait souvent très chaud.
aout [m]	*August*	Tu connais l'origine du mot « aout » ?
septembre [m]	*September*	L'automne commence en septembre.
octobre [m]	*Oktober*	Il fête son anniversaire en octobre.
novembre [m]	*November*	Novembre est un mois triste.
décembre [m]	*Dezember*	Décembre est le dernier mois de l'année.
la semaine	*Woche*	À la semaine prochaine !
(le) lundi	*Montag*	Lundi est le 1er jour de la semaine.
(le) mardi	*Dienstag*	Tous les mardis, elle va à la piscine.
(le) mercredi	*Mittwoch*	Mercredi après-midi, il n'a pas cours.
(le) jeudi	*Donnerstag*	Jeudi elle a un jour de libre.
(le) vendredi	*Freitag*	Tous les vendredis, il sort le soir.
(le) samedi	*Samstag*	Samedi, il va au marché.
(le) dimanche	*Sonntag*	Dimanche est le jour de repos.
le weekend	*Wochenende*	En France, on parle du weekend, au Canada plutôt de la fin de semaine.
l'avenir [m]	*Zukunft*	Qu'est-ce que l'avenir nous apportera ?
le passé	*Vergangenheit*	Les personnes âgées aiment parler du passé.

4 *Les fêtes* – Feste

vocabulaire	dt. Bedeutung	phrase française
la fête	*Fest*	Noël est une fête religieuse.
fêter qc/qn	*feiern*	Est-ce que tu fêtes ton anniversaire cette année ?
Noël [m]	*Weihnachten*	Les chrétiens célèbrent la fête de Noël le 25 décembre.
l'anniversaire [m]	*Geburtstag*	Je te souhaite un bon anniversaire.
les félicitations [f/pl]	*Glückwunsch*	Félitications ! Vous avez finalement gagné.

vocabulaire	dt. Bedeutung	phrase française
organiser	*organisieren*	Notre prof a organisé un pique-nique à la fin de l'année scolaire.
offrir qc à qn	*jdm. etw. schenken*	Alex a offert un livre à sa sœur.
le cadeau, x	*Geschenk*	Un cadeau est un objet qu'on offre à quelqu'un.
la surprise	*Überraschung*	Une invitation à un match de foot? Quelle surprise!
surprendre	*überraschen*	Il a été surpris de nous voir.

5 *Les adverbes de temps* – Adverbien der Zeit

vocabulaire	dt. Bedeutung	phrase française
tôt	*früh*	Je me suis levé tôt ce matin.
tard	*spät*	Il faut qu'on rentre, il est tard.
brièvement	*kurz [adv.]*	Dis-lui brièvement ce qui s'est passé ce matin.
longtemps	*lange [adv.]*	Il faut marcher longtemps pour arriver au sommet.
maintenant	*jetzt*	Si vous voulez être à l'heure, il faut partir maintenant.
déjà	*schon*	Il a déjà gagné deux concours de natation.
encore	*noch*	Réfléchis encore une fois.
petit à petit	*nach und nach*	Tu ne peux pas faire tout à la fois. Fais-le petit à petit.
de plus en plus	*immer mehr*	Nous nous rendons de plus en plus compte du danger de la pollution.
de temps en temps	*von Zeit zu Zeit*	Claude va de temps en temps au cinéma.
plusieurs fois	*mehrmals*	Nous sommes déjà allés plusieurs fois en Grèce.
quelquefois/ parfois	*manchmal*	On va quelquefois au restaurant, mais pas souvent.

vocabulaire	dt. Bedeutung	phrase française
d'habitude	*gewöhnlich*	Christine était en retard, comme d'habitude.
souvent **rarement**	*oft* *selten*	Il mange souvent des fruits, mais rarement des légumes.
tout de suite	*sofort*	Il va te rappeller tout de suite.
bientôt **à tout à l'heure** **à bientôt**	*bald* *bis nachher* *bis bald*	Je reviendrai bientôt. On dit « À bientôt ! » quand on va se revoir dans peu de temps et « À tout à l'heure ! » quand on va se revoir dans très peu de temps.
d'abord **ensuite/puis** **enfin**	*zunächst* *dann* *schließlich*	D'abord, on prend le petit déjeuner. Ensuite, on monte dans la voiture et enfin, on part en vacances.

Les nombres et mesures – Zahlen und Maße

1 *Les nombres* – Zahlen

vocabulaire	dt. Bedeutung	phrase française
le nombre	*Zahl*	Il y avait un grand nombre d'invités.
nombreux, -se	*zahlreich*	Il y avait de nombreux visiteurs qui attendaient l'ouverture du musée.
le numéro	*Nummer*	Mon joueur préféré porte le numéro sept.
le chiffre	*Ziffer*	Il y a des chiffres arabes et romains.
compter	*zählen*	Ton avis compte beaucoup pour moi.
zéro	*null*	Le thermomètre est descendu au-dessous de zéro.
un	*eins*	Un, deux, trois, partez !
deux	*zwei*	Il faut toujours deux chaussures.
trois	*drei*	Tu connais les trois Mousquetaires ?
quatre	*vier*	Il y a quatre saisons.
cinq	*fünf*	Nous avons cinq doigts.
six	*sechs*	Deux fois trois font six.
sept	*sieben*	Il y a sept jours dans la semaine.
huit	*acht*	Elle a passé huit jours en Italie.
neuf	*neun*	Neuf élèves sur dix font leurs devoirs.
dix	*zehn*	Il a eu dix sur dix !
onze	*elf*	Ouvrez vos livres à la page onze.
douze	*zwölf*	L'année a douze mois.
treize	*dreizehn*	Tu crois que le treize porte malheur ?
quatorze	*vierzehn*	Il faut avoir quatorze ans pour rouler à mobylette.
quinze	*fünfzehn*	Elle restera quinze jours.
seize	*sechzehn*	Douze plus quatre font seize.
dix-sept	*siebzehn*	Il est dix-sept heures.
dix-huit	*achtzehn*	On n'a plus dix-huit ans !
dix-neuf	*neunzehn*	Ce livre a dix-neuf chapitres.

vocabulaire	dt. Bedeutung	phrase française
vingt	*zwanzig*	Mon petit frère sait compter jusqu'à vingt.
vingt-et-un	*einundzwanzig*	On écrit vingt-et-un avec deux traits d'union.
vingt-deux	*zweiundzwanzig*	Elle a vingt-deux ans.
vingt-trois	*dreiundzwanzig*	Ça coute vingt-trois euros.
trente	*dreißig*	Vingt-six plus quatre font trente.
quarante	*vierzig*	Elle a quarante paires de chaussures !
cinquante	*fünfzig*	Cinquante ans, c'est un demi-siècle.
soixante	*sechzig*	À soixante ans, j'abandonnerai mon travail.
soixante-dix	*siebzig*	Soixante plus dix font soixante-dix.
soixante-et-onze	*einundsiebzig*	Elle est morte à soixante-et-onze ans.
quatre-vingts	*achtzig*	Sa grand-mère a quatre-vingts ans.
quatre-vingt-un	*einundachtzig*	Aujourd'hui, nous avons compté quatre-vingt-un visiteurs.
quatre-vingt-dix	*neunzig*	Quatre-vingt-dix-huit moins huit font quatre-vingt-dix.
quatre-vingt-onze	*einundneunzig*	Noah a dépensé quatre-vingt-onze euros.
cent	*hundert*	Dix fois dix, ça fait cent.
mille	*tausend*	Un kilomètre fait mille mètres.
fois	*mal*	Trois fois quatre font douze.
moins	*minus*	Neuf moins un font huit.
plus	*plus*	Soixante-et-onze plus dix font quatre-vingt-un.
faire	*machen, sein*	Ça fait vingt euros trente-et-un.
le/la premier, -ère	*erste(r, s)*	Celui ou celle qui vient d'abord est le premier ou la première.
le/la deuxième	*zweite(r, s)*	Ma chambre est au deuxième étage.
le/la troisième	*dritte(r, s)*	Le troisième candidat est le meilleur.
pour cent	*Prozent*	Sept sur dix, ça fait soixante-dix pour cent.
le quart	*ein Viertel*	Un quart de vin, s'il vous plait.
le tiers	*ein Drittel*	Presque un tiers de la classe a eu un mauvais résultat.
la moitié	*die Hälfte*	Mon travail est à moitié fini.

vocabulaire	dt. Bedeutung	phrase française
quelques	*einige*	Il y a toujours quelques fautes dans ton texte.
plusieurs	*mehrere*	On peut vous donner plusieurs autres exemples.
la plupart de	*die meisten*	La plupart des gens aimeraient vivre au bord de la mer ou au bord d'un lac.
la minorité	*Minderheit*	Après tout, je pense que les racistes sont en minorité.
la majorité	*Mehrheit*	Ce candidat a obtenu la majorité des voix.
entier, -ère	*ganz*	Il a mangé une boite entière de chocolats.
complet, -ète	*komplett, ausgebucht*	J'ai la collection complète des albums d'Astérix et Obélix.
compléter qc	*etw. vervollständigen*	Ce cahier complète ma collection.
demi, e	*halb*	Il est huit heures et demie.
une demi-heure	*eine halbe Stunde*	Il est parti il y a une demi-heure.
à peu près	*ungefähr*	Ce n'est pas exactement mon poids, mais à peu près.

2 *Les unités de mesure* – Maßeinheiten

vocabulaire	dt. Bedeutung	phrase française
le centimètre	*Zentimeter*	Cette table fait soixante-cinq centimètres de haut.
le mètre	*Meter*	Les joueurs de basket mesurent presque deux mètres.
le kilomètre	*Kilometer*	Strasbourg est à quatre cents kilomètres de Paris.
la distance	*Entfernung*	Il y a une grande distance entre Berlin et Paris.

vocabulaire	dt. Bedeutung	phrase française
long, longue	*lang*	Cette voiture fait trois mètres de long.
court, e	*kurz*	Pierre a les cheveux courts.
large	*breit*	Ici, le Rhin est large de quatre-vingts mètres.
étroit, e	*eng*	À Paris, il n'y a pas seulement de grands boulevards, mais aussi des petites rues étroites.
contenir qc	*etw. enthalten*	Cette bouteille contient un litre de vin.
plein, e	*voll*	Il y a beaucoup de visiteurs aujourd'hui, la salle est pleine.
vide	*leer*	Je ne peux rien acheter, mon porte-monnaie est vide.
manquer	*fehlen*	Qu'est-ce qui vous manque? – Il me manque un bon couteau pour couper la viande.
le gramme	*Gramm*	La recette dit qu'il faut ajouter quatre-cents grammes de farine.
le kilo(gramme)	*Kilogramm*	Il manque encore des pommes. J'en prends deux kilos.
lourd, e	*schwer*	Il a les yeux lourds de fatigue.
léger, -ère	*leicht*	Il y a des gaz qui sont plus légers que l'air.
peser	*(ab-)wiegen*	D'abord, tu pèses les fruits, et après tu les paies.
la vitesse	*Geschwindigkeit*	Réduis ta vitesse avant le virage.
km/h (kilomètre heure)	*Stundenkilometer*	Il a roulé à plus de cent-quarante kilomètres heure.
rapide [adj.]	*schnell*	On prendra le train rapide, il va plus vite.
vite [adv.]	*schnell*	
lent, e	*langsam*	Ce train est trop lent.
la quantité	*Menge*	Il possède des quantités de livres.
la qualité	*Qualität*	La qualité de l'eau est acceptable.

vocabulaire	dt. Bedeutung	phrase française
un tas de	*eine Menge von*	Elles s'intéressent à des tas de choses.
peu (de)	*wenig (von etw.)*	Dans ce pays, il y a seulement peu de gens qui ont peu à manger.
beaucoup (de)	*viel (von etw.)*	Beaucoup de personnes ont horreur des araignées.
assez (de)	*genug (von etw.)*	Vous avez assez d'argent ?
trop (de)	*zuviel (von etw.)*	Il a mangé trop de sucre.
moins de	*weniger von*	Bravo, cette fois-ci tu as moins de fautes.
plus de	*mehr von*	Quentin a plus de patience que toi.

Les couleurs et les formes – Farben und Formen

1 *Les couleurs* – Farben

vocabulaire	dt. Bedeutung	phrase française
la couleur	*Farbe*	De quelle couleur est ta nouvelle chemise ?
blanc, blanche	*weiß*	Je n'aime pas les pantalons blancs parce qu'on y voit chaque tache.
jaune	*gelb*	Il s'est moqué de mon imperméable jaune.
rouge	*rot*	Un jour, j'aimerais avoir une Ferrari rouge.
vert, e	*grün*	La veste verte te va bien.
bleu, e	*blau*	Le bleu est ma couleur préférée.
gris, e	*grau*	Mon chat est tout gris avec une petite tache blanche sur son ventre.
noir, e	*schwarz*	Les vêtements noirs sont à la mode.
foncé, e/sombre **clair, e**	*dunkel* *hell*	La nuit, on voit mal les personnes qui portent des vêtements foncés. Il est donc mieux de s'habiller en couleurs claires.
pâle **vif, -ve**	*blass, hell* *lebhaft; kräftig, leuchtend [Farbe]*	Pour décorer la table d'anniversaire, est-ce que tu préfères un vert pâle ou un vert vif ?
différent, e	*unterschiedlich*	C'est curieux. Ses yeux sont de couleurs différentes.

2 *Les formes* – Formen

vocabulaire	dt. Bedeutung	phrase française
la forme	*Form*	Sa copine lui a envoyé une carte postale en forme de cœur.
le point	*Punkt*	Mets un point à la fin de la phrase.
la ligne	*Linie*	Tire la ligne avec une règle.
le cercle	*Kreis*	Dessine un cercle.
le triangle	*Dreieck*	Le triangle a trois côtés.
le carré	*Quadrat*	Le carré est une figure géométrique qui a quatre côtés égaux.
la pointe	*Spitze*	Pendant les heures de pointe, il y a beaucoup de monde dans le métro.

Les mots structurels – Strukturwörter

1 *La question* – Frage

vocabulaire	dt. Bedeutung	phrase française
quand ?	*wann?*	Quand est-ce que tu changeras d'avis ?
où ? d'où ?	*wo?* *woher?*	Où est-ce que tu habites ? D'où est-ce que tu viens ?
pourquoi ?	*warum?*	Pourquoi est-ce que tu n'es pas venu ?
comment ?	*wie?*	Comment vas-tu ? Comment allez-vous ?
combien ?	*wie viel?*	Ça coute combien ?
qui ? qui est-ce que ?	*wer? [Subjekt]* *wen? [Objekt]*	Qui a dit ça ? Qui est-ce que tu veux inviter ?
qu'est-ce qui ? qu'est-ce que ?	*was? [Subjekt]* *was? [Objekt]*	Qu'est-ce qui ne te plait pas ? Qu'est-ce que tu as dit ?

2 *La négation* – Verneinung

vocabulaire	dt. Bedeutung	phrase française
non oui	*nein* *ja*	Tu lui as demandé ? – Oui, il a répondu par « non ».
ne… pas	*nicht, kein*	Je ne peux pas acheter ce jeu vidéo. Je n'ai pas d'argent.
ne… rien	*nichts*	Vous n'avez rien compris.
ne… plus	*nicht mehr*	Tu ne te souviens plus d'hier soir ?
ne… jamais	*nie(mals)*	Il ne nous a jamais fait confiance.
ne… plus jamais	*nie mehr*	Je ne veux plus jamais te revoir.
ne… pas encore	*noch nicht*	Il n'a pas encore fait sa connaissance.
ne… aucun	*kein*	Elle n'a reçu aucune lettre de sa part.

vocabulaire	dt. Bedeutung	phrase française
ne… personne	*kein*	Je n'avais vu personne.
personne ne…	*niemand*	Personne n'a compris sa question.
ne… ni… ni	*weder … noch*	Je n'ai été ni en Espagne ni au Portugal.

3 *Les prépositions* – Präpositionen

vocabulaire	dt. Bedeutung	phrase française
à	*zu, an, bei, in*	Tu as été à Paris?
de	*von*	Non, je viens de rentrer de Lyon.
de… à	*von…bis*	Le train de Munich à Paris va partir dans trente minutes.
dans	*in [räumlich]*	Qu'est-ce qu'il y a dans cette bouteille?
dans	*in [zeitlich/Zeitpunkt]*	Dans deux heures tu seras là.
en	*in [zeitlich/Zeitraum]*	Il a fait ce trajet en cinq heures.
par	*durch*	Pour aller sur la côte d'Azur, on passe par la vallée du Rhône.
avec	*mit*	Hier, je t'ai vu avec un autre garçon.
sans	*ohne*	Il y a des gens qui pensent ne pas pouvoir vivre sans fumer.
sauf	*außer*	Il a lu tout le livre sauf le dernier chapitre.
sur	*auf*	Le chat a sauté sur la table.
sous	*unter*	Son petit frère s'est caché sous le lit.
devant	*vor [örtlich]*	Devant notre maison, il y a un arrêt d'autobus. Derrière la maison, nous avons un petit jardin.
derrière	*hinter [örtlich]*	
au milieu de	*in der Mitte von*	Il y a un grand arbre au milieu du jardin.
à côté de	*neben*	La pharmacie se trouve à côté du cinéma.
en face de	*gegenüber*	En face du cinéma, il y a un médecin.

vocabulaire	dt. Bedeutung	phrase française
près de **loin de**	*nahe bei, in der Nähe von* *weit weg von*	Ce qui n'est pas loin de quelque chose est près de quelque chose.
autour de	*rund um*	Nous avons visité les attractions touristiques autour d'Avignon.
vers	*hin, zu, auf*	Il a dirigé son camion vers le parking.
depuis	*seit(her)*	Je l'ai vu hier et je ne l'ai pas revu depuis.
dès	*seit*	Elle est debout dès le lever du soleil.
jusque **à partir de**	*bis [zeitlich/räumlich]* *von … an*	J'ai travaillé jusqu'à minuit. Lisez le texte à partir de la ligne cinq.
avant **après**	*vor [zeitlich]* *nach, später [zeitlich]*	César a vécu avant Jésus-Christ. L'été vient après le printemps.
entre **parmi**	*zwischen [zwei]* *unter [Menge]*	Il faut choisir entre deux candidats. Parmi tous les candidats, je ne vois aucune femme.
chez	*bei, zu [Personen]*	Je vais chez ma copine.
pour **contre**	*für* *gegen*	Est-ce que tu es pour ou contre l'utilisation du téléphone portable à l'école ?
à cause de	*wegen*	Nous sommes arrivés en retard à cause des embouteillages.
malgré	*trotz*	On va à la piscine malgré le mauvais temps.
grâce à	*dank, mit Hilfe von*	J'ai pu le faire grâce à vous.

Alphabetischer Grundwortschatz

Français	Deutsch
à	*zu, an, bei, in*
à bientôt	*bis bald*
à cause de	*wegen*
à côté de	*neben*
à droite	*rechts*
à gauche	*links*
à mon avis	*meiner Meinung nach*
à partir de	*von … an*
à peu près	*ungefähr*
à pied	*zu Fuß*
à tout à l'heure	*bis nachher*
abandonner	*aufgeben*
abricot [m]	*Aprikose*
absent	*abwesend*
accent [m]	*Akzent*
accepter	*akzeptieren, zustimmen*
accès [m]	*Zugang*
accident [m]	*Unfall*
accompagner qn	*jdn. begleiten*
accueil [m]	*Empfang*
accuser qn de qc	*jdn. wegen etw. anklagen*
acheter	*kaufen*
acteur [m]	*Schauspieler*
actrice [f]	*Schauspielerin*
admirer	*bewundern*
adolescent, e [m/f]	*Jugendliche*r*
adorer faire qc	*etw. sehr gerne machen*
adorer qn/qc	*etw./jdn. sehr mögen*
adresse [f]	*Adresse*
adulte [m/f]	*Erwachsene*r*
aéroport [m]	*Flughafen*
affaire [f]	*Sache, Angelegenheit*

Français	Deutsch
affiche [f]	*Plakat*
affreux, -se	*furchtbar, schrecklich*
Afrique [f]	*Afrika*
âge [m]	*Alter*
âgé, e	*alt*
agir	*handeln*
agréable	*angenehm*
agressif, -ve	*angriffslustig*
aide [f]	*Hilfe*
aider qn	*jdm. helfen*
ailleurs	*woanders(hin)*
aimer faire qc	*etw. gerne tun*
aimer qn/qc	*jdn./etw. lieben*
air [m]	*Luft*
ajouter qc	*etw. hinzufügen*
Algérie [f]	*Algerien*
Allemagne [f]	*Deutschland*
allemand, e	*deutsch*
aller	*gehen, fahren*
aller à qc	*irgendwohin gehen*
aller au lit	*ins Bett gehen*
aller bien	*gut gehen*
aller bien avec qc	*gut zu etw. passen*
aller chercher qn/qc	*jdn./etw. holen*
aller chez qn	*zu jdm. gehen*
aller mal	*schlecht gehen*
aller se coucher	*schlafen gehen*
aller voir qn	*jdn. besuchen*
allumer	*anmachen*
altitude [f]	*Höhe*
amener qn	*jdn. mitnehmen*
Amérique [f]	*Amerika*
ami, e [m/f]	*Freund*in*
amitié [f]	*Freundschaft*
amour [m]	*Liebe*

Français	Deutsch
amoureux, -se	*verliebt*
an [m]	*Jahr*
ancien, ne	*ehemalig, alt*
ange [m]	*Engel*
anglais, e	*englisch*
Angleterre [f]	*England*
animal, -aux [m]	*Tier*
année [f]	*Jahr [im Verlauf]*
année scolaire [f]	*Schuljahr*
anniversaire [m]	*Geburtstag*
annoncer	*ankündigen*
aout [m]	*August*
apparaitre	*auftauchen, erscheinen*
appareil [m]	*Gerät*
appareil photo [m]	*Fotoapparat*
appartement [m]	*Wohnung*
appartenir à qn	*jdm. gehören*
appeler qn	*jdn. anrufen*
apporter qc à qn	*jdm. etw. bringen*
apprendre qc	*etw. lernen*
appuyer sur qc	*auf etw. drücken*
après	*nach, später [zeitlich]*
après-midi [m]	*Nachmittag*
arbre [m]	*Baum*
argent [m]	*Geld*
argent [m]	*Silber*
argent de poche [m]	*Taschengeld*
armoire [f]	*Schrank*
arrêt [m]	*Haltestelle*
arrêter qn	*jdn. aufhalten, festnehmen*
arrêter/finir de faire qc	*aufhören, etw. zu tun*
arrivée [f]	*Ankunft*
arriver	*ankommen*
art [m]	*Kunst*

Français	Deutsch
artiste [m/f]	*Künstler*in*
artiste peintre, femme peintre [f]	*Malerin*
ascenseur [m]	*Aufzug*
Asie [f]	*Asien*
assez (de)	*genug (von etw.)*
assiette [f]	*Teller*
association [f]	*Verein*
attaquer	*angreifen*
attendre	*(er-)warten*
attention [f]	*Aufmerksamkeit*
au milieu de	*in der Mitte von*
auberge [f] **de jeunesse**	*Jugendherberge*
auditeur, -trice [m/f]	*Zuhörer*in*
aujourd'hui	*heute*
auteur, e [m/f]	*Autor*in, Urheber*in*
autobus [m]	*Bus*
automne [m]	*Herbst*
autoroute [f]	*Autobahn*
autour de	*rund um*
Autriche [f]	*Österreich*
autrichien, ne	*österreichisch*
avant	*vor [zeitlich]*
avec	*mit*
avenir [m]	*Zukunft*
aventure [f]	*Abenteuer*
avion [m]	*Flugzeug*
avoir	*haben*
avoir envie de faire qc	*Lust haben, etw. zu tun*
avoir besoin de	*brauchen*
avoir chaud	*schwitzen*
avoir froid	*frieren*
avoir lieu	*stattfinden*
avoir mal	*Schmerzen haben*
avoir raison	*recht haben*

Français	Deutsch
avoir tort	*unrecht haben*
avoir un gout	*schmecken*
avouer qc	*etw. zugeben*
avril [m]	*April*
bac(calauréat) [m]	*Abitur*
baguette [f]	*Baguette*
ballon [m]	*Ball*
banane [f]	*Banane*
banc [m]	*Bank*
bande dessinée (BD) [f]	*Comic*
banlieue [f]	*Vorort*
bataille [f]	*Schlacht*
bateau, x [m]	*Boot, Schiff*
bâtiment [m]	*Gebäude*
battre qn	*jdn. schlagen*
beau, bel, belle	*schön*
beaucoup (de)	*viel (von etw.)*
bébé [m]	*Baby*
belge	*belgisch*
Belgique [f]	*Belgien*
bête	*dumm, blöd*
beurre [m]	*Butter*
bibliothèque [f]	*Bücherei*
bicyclette [f]	*Fahrrad*
bientôt	*bald*
bienvenu, e	*willkommen*
bière [f]	*Bier*
bijou, x [m]	*Schmuckstück*
billet [m]	*Fahrkarte, Ticket*
bise [f]	*Wangenkuss*
bizarre	*seltsam, eigenartig*
blague [f]	*Witz, Scherz*
blanc, blanche	*weiß*
bleu, e	*blau*
bœuf [m]	*Rindfleisch*
boire	*trinken*
bois [m]	*Wald [bewirtschaftet]*
bois [m]	*Holz*
boisson [f]	*Getränk*
boite [f]	*Dose, Schachtel*
bon, ne	*gut*
bon marché	*billig, günstig*
bonheur [m]	*Glück [Gefühl]*
bouche [f]	*Mund*
boucherie [f]	*Fleischerei, Metzgerei*
bouger	*sich bewegen*
bougie [f]	*Kerze*
boulangerie [f]	*Bäckerei*
boule [f]	*Kugel*
bouteille [f]	*Flasche*
boutique [f]	*Geschäft, Boutique*
bouton [m]	*Knopf*
bras [m]	*Arm*
bref, brève	*kurz*
Brésil [m]	*Brasilien*
brevet [m]	*Diplom, Abschlusszeugnis*
brièvement	*kurz [adv.]*
briller	*scheinen, glänzen*
britannique	*britisch*
bruler [intr.]	*brennen*
bulletin [m]	*Zeugnis*
bureau, x [m]	*Schreibtisch*
but [m]	*Tor, Ziel*
cacher qc	*etw. verstecken*
cadeau, x [m]	*Geschenk*
café [m]	*Kaffee*
cahier [m]	*Heft*
caisse [f]	*Kasse*
calme	*ruhig*
camarade [m/f]	*Kamerad*in*
caméra [f]	*Kamera*
camion [m]	*Lastwagen, Lkw*
campagne [f]	*Land [im Gegensatz zur Stadt]*
Canada [f]	*Kanada*

Français	Deutsch
canard [m]	*Ente*
cantine [f]	*Kantine, Mensa*
capable	*fähig*
capitale [f]	*Hauptstadt*
carotte [f]	*Karotte*
carré [m]	*Quadrat*
carrefour [m]	*Kreuzung*
cartable [m]	*Schultasche*
carte [f]	*Karte*
carte postale [f]	*Postkarte*
casser	*zerbrechen, kaputt machen*
catastrophe [f]	*Katastrophe*
cathédrale [f]	*Kathedrale, Dom*
cave [f]	*Keller*
CD [m]	*CD*
célèbre	*berühmt*
cent	*hundert*
centime [f]	*Cent*
centimètre [m]	*Zentimeter*
centre commercial [m]	*Einkaufszentrum*
centre-ville [m]	*Innenstadt*
cercle [m]	*Kreis*
céréales [f/pl]	*Getreide*
chagrin [m]	*Kummer*
chaine (de télévision) [f]	*(Fernseh-)Kanal*
chaise [f]	*Stuhl*
chaleur [f]	*Wärme, Hitze*
chambre [f]	*Zimmer [mit Bett]*
chambre à coucher	*Schlafzimmer*
champ [m]	*Feld*
chance [f]	*Glück [Zufall]*
changer de qc	*etw. wechseln*
changer qc	*etw. ändern, wechseln*
chanson [f]	*Lied*
chanter	*singen*

Français	Deutsch
chanteur [m]	*Sänger*
chanteuse [f]	*Sängerin*
chapeau, x [m]	*Hut*
chapitre [m]	*Kapitel*
charcuterie [f]	*Metzgerei*
chasser	*jagen*
chat [m]	*Katze*
château, x [m]	*Schloss, Burg*
chatter	*chatten*
chaud, e	*warm*
chaussette [f]	*Socke*
chaussure [f]	*Schuh*
chef [m/f]	*Chef*in, Vorgesetzte*r*
chemin [m]	*Weg*
chemise [f]	*Hemd*
cher, chère	*teuer*
cheval, -aux [m]	*Pferd*
cheveux [m/pl]	*Haare*
chez	*bei [Personen]*
chic	*schick*
chien [m]	*Hund*
chiffre [m]	*Ziffer*
Chine [f]	*China*
chinois, e	*chinesisch*
chocolat [m]	*Schokolade*
choisir	*(aus-)wählen*
choix [m]	*(Aus-)Wahl*
chômage [m]	*Arbeitslosigkeit*
chose [f]	*Sache, Ding*
ciel [m]	*Himmel*
cigarette [f]	*Zigarette*
cimetière [m]	*Friedhof*
ciné(ma) [m]	*Kino*
cinq	*fünf*
cinquante	*fünfzig*
circulation [f]	*Verkehr*
citoyen, ne [m/f]	*Bürger*in, Staatsangehörige*r*
citron [m]	*Zitrone*

Français	Deutsch
clair, e	*hell*
classe [f]	*Klasse*
clé [f]	*Schlüssel*
client, e [m/f]	*Kunde, Kundin*
cliquer sur qc	*auf etw. klicken*
coca [m]	*Cola*
cochon [m]	*Schwein*
cochon d'Inde [m]	*Meerschweinchen*
cœur [m]	*Herz*
coin [m]	*Ecke*
colère [f]	*Wut, Zorn*
collège [m]	*Collège*
colline [f]	*Hügel*
combien?	*wie viel?*
commander qc	*etw. bestellen*
commencer à faire qc	*beginnen etw. zu tun*
comment?	*wie?*
comparer qc avec/à qc	*etw. miteinander vergleichen*
complet, -ète	*komplett, ausgebucht*
compléter qc	*etw. vervollständigen*
comprendre	*verstehen*
compter	*zählen*
concert [m]	*Konzert*
concombre [m]	*Gurke*
concours [m]	*Wettkampf*
condition [f]	*Bedingung*
conduire	*fahren, lenken*
confiance [f]	*Vertrauen*
confier qc à qn	*jdm. etw. anvertrauen*
confiture [f]	*Marmelade*
confortable	*bequem, komfortabel*
connaissance [f]	*Bekanntschaft*
connaitre qn	*jdn. kennen (lernen)*
conseil [m]	*Rat*
conseiller qc à qn	*jdm. etw. raten*
consoler qn	*jdn. trösten*

Français	Deutsch
construire	*bauen*
conte [m]	*Märchen, Erzählung*
contenir qc	*etw. enthalten*
content, e de	*froh, zufrieden*
continuer	*weiterfahren*
continuer à faire qc	*weitermachen, etw. zu tun*
contraire [m]	*Gegenteil*
contrat [m]	*Vertrag*
contre	*gegen*
contrôler	*kontrollieren*
copain [m]	*Freund*
copier	*abschreiben*
copine [f]	*Freundin*
coq [m]	*Hahn*
cordial, e, -aux	*herzlich*
corps [m]	*Körper*
correct, e	*korrekt*
correspondante [m/f]	*Austauschpartner*in, Brieffreund*in*
corriger	*verbessern*
côte [f]	*Küste*
cou [m]	*Hals [außen]*
couler	*fließen*
couleur [f]	*Farbe*
couloir [m]	*Gang*
coup [m]	*Schlag*
couper	*schneiden*
couple [m]	*Paar*
cour [f]	*Pausenhof*
courageux, -se	*mutig*
courir	*laufen, rennen*
cours [m]	*Unterrichtsstunde*
courses [f/pl]	*Einkäufe*
court, e	*kurz*
couteau, x [m]	*Messer*
couter	*kosten*
couvert [m]	*Gedeck*
couverture [f]	*Decke [Stoff]*

Français	Deutsch
couvrir	*bedecken, zudecken*
craindre	*(be-)fürchten*
crayon [m]	*Bleistift*
créer	*schöpfen, erschaffen*
crier	*schreien, brüllen*
crime [m]	*Verbrechen*
croire	*glauben*
croix [f]	*Kreuz*
cueillir	*pflücken*
cuiller, cuillère [f]	*Löffel*
cuisine [f]	*Küche*
cuit, e	*gebraten, gekocht, nicht roh*
curieux, -se	*neugierig*
curiosité [f]	*Neugier*
d'abord	*zunächst*
d'habitude	*gewöhnlich*
d'où ?	*woher?*
danger [m]	*Gefahr*
dangereux, -se	*gefährlich*
dans	*in [räumlich]; in [zeitlich/Zeitpunkt]*
danse [f]	*Tanz*
danser	*tanzen*
date [f]	*Datum*
de	*von*
de plus en plus	*immer mehr*
de temps en temps	*von Zeit zu Zeit*
de…à	*von…bis*
début [m]	*Anfang*
décembre [m]	*Dezember*
décider de faire qc	*beschließen, etw. zu tun*
découvrir	*entdecken*
décrire	*beschreiben*
déçu, e	*enttäuscht*
dedans	*drinnen*

Français	Deutsch
défaite [f]	*Niederlage*
défendre	*verteidigen*
dégoutant, e	*abscheulich, unappetitlich*
degré [m]	*Grad*
dehors	*draußen*
déjà	*schon*
déjeuner [m]	*Mittagessen*
délicieux, -se	*köstlich*
demain	*morgen*
demander qc	*etw. fragen*
demi, e	*halb*
dent [f]	*Zahn*
départ [m]	*Abfahrt*
dépendre de	*abhängen von*
dépenser	*ausgeben*
depuis	*seit(her)*
déranger qn	*jdn. stören*
derrière	*hinter [örtlich]*
dès	*seit*
descendre	*hinuntergehen, -kommen; aussteigen*
descendre qc	*etw. hinunterbringen*
désert [m]	*Wüste*
désespérer	*verzweifeln*
désespoir [m]	*Verzweiflung*
désirer	*wünschen*
désordre [m]	*Unordnung*
dessert [m]	*Dessert, Nachspeise*
dessin [m]	*Zeichnung*
dessiner	*zeichnen*
détester	*hassen, verabscheuen*
détruire	*zerstören*
deux	*zwei*
deuxième [m/f]	*zweite(r, s)*
devant	*vor [örtlich]*
deviner qc	*etw. erraten*
devoir [m]	*Pflicht*
devoirs [m/pl]	*Hausaufgaben*

Français	Deutsch
diable [m]	*Teufel*
dictée [f]	*Diktat*
dictionnaire [m]	*Wörterbuch*
Dieu	*Gott*
différent, e	*unterschiedlich*
difficile	*schwer*
dimanche [m]	*Sonntag*
diner [m]	*Abendessen*
dire	*sagen*
direction [f]	*Richtung*
diriger	*leiten*
discuter	*diskutieren*
disparaitre	*verschwinden*
distance [f]	*Entfernung*
distribuer qc	*etw. verteilen, austeilen*
divorcé, e	*geschieden*
dix	*zehn*
dix-huit	*achtzehn*
dix-neuf	*neunzehn*
dix-sept	*siebzehn*
docteur, e [m/f]	*Doktor*in*
doigt [m]	*Finger*
domestique	*Haus-, häuslich*
donner	*geben*
dormir	*schlafen*
dos [m]	*Rücken*
douche [f]	*Dusche*
douleur [f]	*Schmerz*
douze	*zwölf*
drogue [f]	*Droge*
droit [m]	*Recht*
drôle [fam]	*lustig, witzig [präd.]*
dur, e	*hart*
durer	*dauern*
DVD [m]	*DVD*
eau [f]	*Wasser*
eau minérale [f]	*Mineralwasser*
échange [m]	*Austausch*

Français	Deutsch
éclair [m]	*Blitz*
école [f]	*Schule*
école primaire [f]	*Grundschule*
économe	*wirtschaftlich, sparsam*
écouter	*zuhören*
écran [m]	*Bildschirm*
écrire qc	*etw. schreiben*
écrivain, e [m/f]	*Schriftsteller*in*
éducation [f]	*Erziehung, Bildung*
effet [m]	*Wirkung*
effort [m]	*Bemühung, Anstrengung*
égal, e, -aux, es	*gleich*
église [f]	*Kirche*
élégant, e	*elegant*
élève [m/f]	*Schüler*in*
embouteillage [m]	*Stau*
embrasser qn	*jdn. küssen*
émeute [f]	*Aufstand*
émission [f]	*Sendung*
emmener qn	*jdn. mitnehmen*
empêcher de faire qc	*verhindern, etw. zu tun*
emploi [m]	*Arbeitsplatz, Stelle*
emploi du temps [m]	*Stundenplan*
employé, e [m/f]	*Angestellte*r*
employer qn	*jdn. anstellen*
emporter qc	*etw. mitnehmen*
emprunter	*(aus-)leihen*
en	*in [zeitlich/Zeitraum]*
en face de	*gegenüber*
enceinte	*schwanger*
encore	*noch*
endroit [m]	*Ort*
énerver qn	*jdn. aufregen*

Français	Deutsch
enfant [m/f]	*Kind*
enfer [m]	*Hölle*
enfin	*schließlich*
enlever	*wegnehmen, aufheben*
ennuyeux, -se	*langweilig, ärgerlich*
ensemble	*zusammen*
ensuite	*dann*
entendre	*hören*
entier, -ère	*ganz*
entre	*zwischen [zwei]*
entrée [f]	*Vorspeise*
entreprise [f]	*Unternehmen*
entrer	*eintreten, hineingehen*
enveloppe [f]	*Umschlag*
environnement [m]	*Umwelt*
envoyer qc	*etw. (ver-)schicken*
épeler	*buchstabieren*
épicerie [f]	*Lebensmittelgeschäft*
équipe [f]	*Mannschaft*
erreur [f]	*Irrtum, Fehler*
éruption [f]	*Ausbruch*
escalier [m]	*Treppe*
escargot [m]	*Schnecke*
esclave [m/f]	*Sklave, Sklavin*
Espagne [f]	*Spanien*
espagnol, e	*spanisch*
espérer	*hoffen*
espoir [m]	*Hoffnung*
essayer de faire qc	*versuchen, etw. zu tun*
est [m]	*Osten*
étage [m]	*Stockwerk*
étagère [f]	*Regal*
État [m]	*Staat*
États-Unis [m/pl]	*Vereinigte Staaten*
été [m]	*Sommer*
éteindre	*ausschalten*

Français	Deutsch
éternel, le	*ewig*
étoile [f]	*Stern*
étonner	*erstaunen*
étranger [m]	*Ausländer*
étrangère [f]	*Ausländerin*
être à l'heure	*pünktlich sein*
être à qn	*jdm. gehören*
être assis, e	*sitzen*
être blessé, e	*verletzt sein*
être contre	*dagegen sein*
être debout	*stehen*
être désolé, e	*leid tun*
être en avance	*zu früh da sein*
être en retard	*Verspätung haben*
être enrhumé, e	*erkältet sein*
être fermé, e	*geschlossen sein*
être mort, e	*tot sein, sterben*
être né, e	*geboren sein*
être ouvert, e	*geöffnet sein*
être pour	*dafür sein*
étroit, e	*eng*
études [f/pl]	*Studium*
euro [m]	*Euro*
Europe [f]	*Europa*
évènement [m]	*Ereignis*
éviter de faire qc	*vermeiden, etw. zu tun*
examen [m]	*Prüfung*
excellent, e	*hervorragend*
excursion [f]	*Ausflug*
exemple [m]	*Beispiel*
exercice [m]	*Übung*
exiger qc	*etw. fordern, verlangen*
expérience [f]	*Erfahrung*
expliquer qc	*erklären*
exposition [f]	*Ausstellung*
expression [f]	*Ausdruck*
fabriquer	*herstellen*
fâché, e	*wütend*

Français	Deutsch
facile	*leicht*
faible	*schwach*
faim [f]	*Hunger*
faire	*machen, sein*
faire chaud	*warm sein*
faire froid	*kalt sein*
faire la cuisine	*kochen*
faire mal	*weh tun*
faire venir qn	*jdn. kommen lassen*
famille [f]	*Familie*
farine [f]	*Mehl*
fatigue [f]	*Müdigkeit*
fatigué, e	*müde*
faute [f]	*Fehler*
faux, fausse	*falsch*
félicitations [f/pl]	*Glückwunsch*
femme [f]	*Frau*
femme [f]	*Ehefrau*
fenêtre [f]	*Fenster*
fermer	*schließen*
fête [f]	*Fest*
fêter qc/qn	*jdn./etw. feiern*
feu, x [m]	*Feuer, Ampel*
feuille [f]	*Blatt*
février [m]	*Februar*
fidèle	*treu*
fier, -ère	*stolz*
fièvre [f]	*Fieber*
fille [f]	*Tochter*
film [m]	*Film*
fils [m]	*Sohn*
fin [f]	*Ende*
fleur [f]	*Blume*
fleuve [m]	*Fluss [der ins Meer mündet], Strom*
flute [f]	*Flöte*
fois	*mal*
foncé, e	*dunkel*
fonction [f]	*Funktion, Aufgabe*

Français	Deutsch
fonctionnaire [m/f]	*Beamte*r*
foot(ball) [m]	*Fußball*
force [f]	*Kraft*
forêt [f]	*Wald [allg.]*
forme [f]	*Form*
formidable	*toll*
fort, e	*stark*
forum [m] **(sur Internet)**	*(Internet-)Forum*
fou, folle	*verrückt*
foule [f]	*Menschenmenge*
fourchette [f]	*Gabel*
fragile	*zerbrechlich*
français, e	*französisch*
France [f]	*Frankreich*
frapper	*schlagen, klopfen*
frère [m]	*Bruder*
frères et sœurs [pl]	*Geschwister*
frigidaire [m]	*Kühlschrank*
frites [f/pl]	*Pommes (frites)*
froid, e	*kalt*
froideur [f]	*Kälte*
fromage [m]	*Käse*
frontière [f]	*Grenze [Gebiet]*
fruit [m]	*Frucht, Obst*
fuite [f]	*Flucht*
fumer	*rauchen*
gagner	*gewinnen*
gant [m]	*Handschuh*
garage [m]	*Werkstatt, Garage*
garçon [m]	*Junge*
garder qc	*behalten*
gare [f]	*Bahnhof*
garer	*parken*
gâteau, x [m]	*Kuchen*
gelé, e	*gefroren*

Français	Deutsch
gendarmerie [f]	*Polizeidienststelle*
genou, x [m]	*Knie*
gens [m/pl]	*Menschen, Leute*
gentil, le	*nett*
glace [f]	*Eis*
gomme [f]	*Radiergummi*
gorge [f]	*Hals [innen], Gurgel*
gouter qc	*etw. probieren*
gouverner	*regieren*
grâce à	*dank, mit Hilfe von*
grammaire [f]	*Grammatik*
gramme [m]	*Gramm*
grand, e	*groß*
Grande-Bretagne [f]	*Großbritannien*
grand-mère [f]	*Großmutter*
grand-père [m]	*Großvater*
grands-parents [m/pl]	*Großeltern*
gratuit, e	*umsonst, gratis*
grave	*schwer, schlimm*
grec, grecque	*griechisch*
Grèce [f]	*Griechenland*
grenouille [f]	*Frosch*
grimper	*klettern*
gris, e	*grau*
gros, se	*dick*
groupe [m]	*Gruppe*
guerre [f]	*Krieg*
guide [m/f]	*Reiseführer [Buch], Reiseführer*in [Person]*
guitare [f]	*Gitarre*
gymnase [m]	*Sporthalle*
gymnastique [f]	*Gymnastik*
habitant, e [m/f]	*Einwohner*in*
habiter	*wohnen*
haine [f]	*Hass*
hamster [m]	*Hamster*

Français	Deutsch
haut, e	*hoch*
herbe [f]	*Gras, Kraut*
herbes [f/pl]	*Kräuter*
heure [f]	*Stunde, Uhrzeit*
heureux, -se	*glücklich*
hier	*gestern*
histoire [f]	*Geschichte*
hiver [m]	*Winter*
hollandais, e	*holländisch*
homme [m]	*Mann*
homme/femme politique [m/f]	*Politiker*in*
hôpital, -aux [m]	*Krankenhaus*
horaire [m]	*Fahrplan, Stundenplan*
horloge [f]	*Uhr*
horreur [f]	*Entsetzen, Schauder*
hôtel [m]	*Hotel*
hôtel de ville [m]	*Rathaus*
huile [f]	*Öl*
huit	*acht*
huitre [f]	*Auster*
ici	*hier*
ile [f]	*Insel*
image [f]	*Bild*
imaginer qc	*etw. erfinden*
immeuble [m]	*Wohnblock, Häuserblock*
impatient, e	*ungeduldig*
imper(méable) [m]	*Regenjacke*
important, e	*wichtig*
impossible	*unmöglich*
impression [f]	*Eindruck*
impressionnant, e	*beeindruckend*
imprudent, e	*unvorsichtig*
incendie [m]	*Brand*
indépendance [f]	*Unabhängigkeit*

Français	Deutsch
infirmier, -ière [m/f]	*Krankenpfleger, Krankenschwester*
information [f]	*Information*
ingénieur, e [m/f]	*Ingenieur*in*
ingrédients [pl/m]	*Zutaten*
injuste	*ungerecht*
inquiet, -ète	*beunruhigt*
instrument [m]	*Instrument*
intelligent, e	*intelligent*
interdire	*verbieten*
intéressant, e	*interessant*
Internet [m]	*Internet*
interprète [m/f]	*Übersetzer*in*
interro(gation) [f]	*Abfrage, Klassenarbeit*
interview [f]	*Interview*
inutile	*unnütz*
inventer	*erfinden*
invitation [f]	*Einladung*
inviter qn	*jdn. einladen*
Italie [f]	*Italien*
italien, ne	*italienisch*
jaloux, -se	*neidisch, eifersüchtig*
jambe [f]	*Bein*
jambon [m]	*Schinken*
janvier [m]	*Januar*
jardin [m]	*Garten*
jaune	*gelb*
jeter	*werfen*
jeu, x [m]	*Spiel*
jeudi [m]	*Donnerstag*
jeune	*jung*
jeune fille [f]	*Mädchen*
joli, e	*hübsch*
jouer	*spielen*
jouer à qc	*etw. spielen [Sport, Spiel]*
jouer de qc	*etw. spielen [Instrument]*
jouet [m]	*Spielzeug*
jour [m]	*Tag*
journal, -aux [m]	*Zeitung*
journaliste [m/f]	*Journalist*in*
journée [f]	*Tag [im Verlauf]*
juillet [m]	*Juli*
juin [m]	*Juni*
jupe [f]	*Rock*
jus (de fruits) [m]	*(Frucht-)Saft*
jusque	*bis [zeitlich/räumlich]*
juste	*gerecht, richtig*
justice	*Gerechtigkeit, Justiz*
justifier	*rechtfertigen*
kilo(gramme) [m]	*Kilogramm*
kilomètre [m]	*Kilometer*
km/h (kilomètre heure)	*Stundenkilometer*
la plupart de	*die meisten*
là-bas	*dort; da unten*
lac [m]	*See*
là-haut	*da oben*
laid, e	*hässlich*
laisser	*lassen, zulassen*
lait [m]	*Milch*
lampe [f]	*Lampe*
langue [f]	*Sprache*
lapin [m]	*Kaninchen*
large	*breit*
larme [f]	*Träne*
laver	*waschen*
leçon [f]	*Lektion*
léger, -ère	*leicht*
légume [m]	*Gemüse*
lent, e	*langsam*
lettre [f]	*Brief; Buchstabe*
liberté [f]	*Freiheit*

Français	Deutsch
librairie [f]	*Buchhandlung*
libre	*frei*
lien [m]	*Verbindung*
lieu [m]	*Ort*
ligne [f]	*Linie*
limonade [f]	*Limo(nade)*
lire	*lesen*
lit [m]	*Bett*
livre [m]	*Buch*
loin de	*weit weg von*
loisir [m]	*Freizeit, Hobby*
long, longue	*lang*
longtemps	*lange [adv.]*
lourd, e	*schwer*
lumière [f]	*Licht*
lundi [m]	*Montag*
lune [f]	*Mond*
lunettes [f/pl]	*Brille*
Luxembourg [m]	*Luxemburg*
luxembourgeois, e	*luxemburgisch*
lycée [m]	*Lycée, Gymnasium*
magasin [m]	*Geschäft, Kaufhaus*
magazine [m]	*Zeitschrift*
magnifique	*wunderbar*
mai [m]	*Mai*
maillot de bain [m]	*Badeanzug, Badehose*
main [f]	*Hand*
maintenant	*jetzt*
maison [f]	*Haus*
majorité [f]	*Mehrheit*
mal du pays [m]	*Heimweh*
malade	*krank*
maladie [f]	*Krankheit*
malgré	*trotz*
malheur [m]	*Unglück*
malheureux, se	*unglücklich*
manger	*essen*

Français	Deutsch
manifestation [f]	*Kundgebung, Demonstration*
manquer	*fehlen*
manteau, x [m]	*Mantel*
marchand, e [m/f]	*Kaufmann, Händler,- Kauffrau, Händlerin*
marché [m]	*Markt*
marcher	*gehen, wandern*
mardi [m]	*Dienstag*
mari [m]	*Ehemann*
mariage [m]	*Heirat, Ehe*
marié, e	*verheiratet*
Maroc [m]	*Marokko*
marrant, e [fam]	*lustig, witzig*
mars [m]	*März*
match [m]	*Spiel*
maths [f/pl]	*Mathe*
matière [f]	*Schulfach*
matin [m]	*Morgen*
matinée [f]	*Morgen [im Verlauf]*
mauvais, e	*schlecht*
méchant, e	*bösartig, bissig*
médecin [m/f]	*Arzt, Ärztin*
médias [m/pl]	*Medien*
médicament [m]	*Medikament, Arznei*
mélanger qc	*(ver-)mischen*
mémoire [f]	*Gedenken, Gedächtnis*
ménage [m]	*Haushalt*
mer [f]	*Meer*
mercredi [m]	*Mittwoch*
mère [f]	*Mutter*
merveilleux, -se	*herrlich, wunderbar*
message [m]	*Botschaft, Nachricht*
mesure [f]	*Maßnahme*
météo [f]	*Wetter(vorhersage)*
métier [m]	*Beruf*
mètre [m]	*Meter*
métro [m]	*Metro, U-Bahn*
mettre	*legen, setzen, stellen*

Français	Deutsch
mettre la table	*den Tisch decken*
mettre qc	*etw. anziehen*
meuble [m]	*Möbelstück*
meurtre [m]	*Mord*
midi [m]	*Mittag*
miel [m]	*Honig*
mille	*tausend*
mince	*dünn*
minorité [f]	*Minderheit*
minuit [m]	*Mitternacht*
minute [f]	*Minute*
misère [f]	*Elend*
mode [f]	*Mode*
moins	*minus*
moins de	*weniger von*
mois [m]	*Monat*
moitié [f]	*die Hälfte*
moment [m]	*Augenblick, Moment*
monde [m]	*Welt; Menschen, Leute*
monnaie [f]	*Kleingeld, Währung*
montagne [f]	*Berg, Gebirge*
monter	*hinaufgehen, -kommen; einsteigen*
monter qc	*etw. hinaufbringen*
montre [f]	*Armbanduhr*
montrer	*zeigen*
monument [m]	*Denkmal*
morceau, x [m]	*Stück*
mort [f]	*Tod*
mot [m]	*Wort*
moto [f]	*Motorrad*
mouillé, e	*nass*
moustique [m]	*Mücke*
moutarde [f]	*Senf*
mouton [m]	*Schaf*
moyen [m]	*Mittel, Weg*
moyen(s) de transport [m]	*Transportmittel*
mur [m]	*Mauer, Wand*
musée [m]	*Museum*
musicien, ne [m/f]	*Musiker*in*
musique [f]	*Musik*
nager	*schwimmen*
natation [f]	*Schwimmen*
nature [f]	*Natur*
ne… aucun	*kein*
ne… jamais	*nie(mals)*
ne… ni… ni	*weder … noch*
ne… pas	*nicht, kein*
ne… pas encore	*noch nicht*
ne… personne	*kein*
ne… plus	*nicht mehr*
ne… plus jamais	*nie mehr*
ne… rien	*nichts*
nécessaire	*notwendig*
néerlandais, e	*niederländisch*
neige [f]	*Schnee*
neiger	*schneien*
nerveux, -se	*nervös*
nettoyer qc	*sauber machen, reinigen*
neuf	*neun*
neuf, -ve	*neu [fabrikneu]*
nez [m]	*Nase*
Noël [m]	*Weihnachten*
noir, e	*schwarz*
nom [m]	*Name*
nombre [m]	*Zahl*
nombreux, -se	*zahlreich*
non	*nein*
nord [m]	*Norden*
note [f]	*Note*
noter qc	*etw. notieren, anstreichen*
nouille [f]	*Nudel*
nourriture [f]	*Nahrung*

Français	Deutsch
nouveau, nouvel, nouvelle	*neu [anders]*
novembre [m]	*November*
nu, e	*nackt, bloß*
nuage [m]	*Wolke*
nuit [f]	*Nacht*
numéro [m]	*Nummer*
obligatoire	*verpflichtend*
obliger qn à faire qc	*jdn. zwingen etw. zu tun*
observer	*beobachten*
occasion [f]	*Gelegenheit*
océan [m]	*Ozean*
octobre [m]	*Oktober*
œil, yeux [m]	*Auge, Augen*
œuf [m]	*Ei*
œuvre [f]	*Werk*
office [m] **de tourisme**	*Touristeninformation, Fremdenverkehrsamt*
offrir qc à qn	*jdm. etw. schenken*
oignon [m]	*Zwiebel*
oiseau, x [m]	*Vogel*
ombre [f]	*Schatten*
oncle [m]	*Onkel*
onze	*elf*
opéra [m]	*Oper*
opinion [f]	*Meinung*
or [m]	*Gold*
orage [m]	*Gewitter*
orange [f]	*Orange*
ordinateur [m] **(portable)**	*Computer, Laptop*
oreille [f]	*Ohr*
organiser	*organisieren*
origine [f]	*Ursprung, Herkunft*
oser faire qc	*wagen, etw. zu tun*
ôter qc	*etw. ausziehen*
où ?	*wo?*
oublier	*vergessen*
ouest [m]	*Westen*
oui	*ja*
ours en peluche [m]	*Teddybär, Plüschbär*
ouvrier, -ère [m/f]	*Arbeiter*in*
ouvrir	*öffnen*
page [f]	*Seite*
pain [m]	*Brot*
paix [f]	*Frieden*
palais [m]	*Palast*
pâle	*blass, hell*
pantalon [m]	*Hose*
papeterie [f]	*Schreibwarengeschäft*
papier [m]	*Papier*
paquet [m]	*Paket*
par	*durch*
paradis [m]	*Paradies*
parapluie [m]	*Schirm*
parents [m/pl]	*Eltern*
parfait, e	*perfekt*
parfois	*manchmal*
parler	*sprechen, reden*
parmi	*unter [Menge]*
paroi [f]	*Wand [Zimmer]*
partager qc avec qn	*etw. mit jdm. teilen*
participer à qc	*an etw. teilnehmen*
partir	*ab-, wegfahren/ -fliegen*
partout	*überall*
passé [m]	*Vergangenheit*
passer	*verbringen*
passer qc à qn	*(herüber-)reichen*
pâte [f]	*Teig, Pasta*
patient, e	*geduldig*
patron, ne [m/f]	*Chef*in [Leiter*in]*
pause [f]	*Pause*
pauvre	*arm*

Français	Deutsch
payer	*bezahlen*
pays [m]	*Land, Heimat*
paysage [m]	*Landschaft*
paysan, ne [m/f]	*Bauer, Bäuerin*
Pays-Bas [m/pl]	*Niederlande*
peau [f]	*Haut*
pêche [f]	*Pfirsich*
pêcher	*fischen, angeln*
peindre	*malen*
peintre [m]	*Maler*
penser	*denken*
perdre	*verlieren*
père [m]	*Vater*
permettre	*erlauben*
personne ne…	*niemand*
peser	*(ab-)wiegen*
petit à petit	*nach und nach*
petit déjeuner [m]	*Frühstück*
petit, e	*klein*
petits-enfants [m/pl]	*Enkel*
peu (de)	*wenig (von etw.)*
peuple [m]	*Volk*
peur [f]	*Angst*
pharmacie [f]	*Apotheke*
photo [f]	*Foto*
phrase [f]	*Satz*
piano [m]	*Klavier*
pièce [f]	*Zimmer; Stück, Geldstück*
pied [m]	*Fuß*
pierre [f]	*Stein*
pique-nique [m]	*Picknick*
piscine [f]	*Schwimmbad*
place [f]	*Platz*
plafond [m]	*Zimmerdecke*
plage [f]	*Strand*
plaire à qn	*jdm. gefallen*

Français	Deutsch
plaisir [m]	*Freude, Vergnügen*
plan [m]	*Plan*
plante [f]	*Pflanze*
plat [m]	*Essen, Gericht*
plat principal [m]	*Hauptgericht*
plein, e	*voll*
pleurer	*weinen*
pleuvoir	*regnen*
plonger	*tauchen*
pluie [f]	*Regen*
plus	*plus*
plus de	*mehr von*
plusieurs	*mehrere*
plusieurs fois	*mehrmals*
poche [f]	*Tasche*
poème [m]	*Gedicht*
poésie [f]	*Dichtung*
poète [m/f]	*Dichter*in*
point [m]	*Punkt*
pointe [f]	*Spitze*
poire [f]	*Birne*
poisson [m]	*Fisch*
poivre [m]	*Pfeffer*
poivron [m]	*Paprika*
police [f]	*Polizei*
policier, -ère [m/f]	*Polizist*in*
pollution [f]	*Verschmutzung*
pomme [f]	*Apfel*
pomme de terre [f]	*Kartoffel*
pompier, -ère [m/f]	*Feuerwehrmann, -frau*
pont [m]	*Brücke*
population [f]	*Bevölkerung*
porc [m]	*Schweinefleisch*
port [m]	*Hafen*
porte [m]	*Tür*
portemonnaie [m]	*Geldbörse*

Français	Deutsch
porter	*tragen, bringen*
portugais, e	*portugiesisch*
Portugal [f]	*Portugal*
poser	*legen, setzen, stellen*
possible	*möglich*
potage [m]	*Suppe*
poubelle [f]	*Abfalleimer*
poulet [m]	*Brathähnchen*
pour	*für*
pour cent	*Prozent*
pourquoi?	*warum?*
pouvoir [m]	*Macht*
précieux, -se	*wertvoll*
préférer qc	*etw. bevorzugen, lieber mögen*
préjugé [m]	*Vorurteil*
premier, -ère [m/f]	*erste(r, s)*
prendre au sérieux	*ernst nehmen*
prendre un bain	*baden, ein Bad nehmen*
prendre une douche	*sich duschen*
prénom [m]	*Vorname*
préparer qc	*etw. vorbereiten, etw. zubereiten*
près de	*nahe bei, in der Nähe von*
présent	*anwesend*
prêter	*(ver-)leihen*
prier	*beten*
prière [f]	*Gebet*
printemps [m]	*Frühling*
prison [f]	*Gefängnis*
privé, e	*privat*
prix [m]	*Preis*
problème [m]	*Problem*
professeur, e [m/f]	*Lehrer*in*
profiter de qc	*etw. ausnützen*
profond, e	*tief*
programme [m]	*Programm*
progrès [m]	*Fortschritt*
projet [m]	*Vorhaben, Plan*
promenade [f]	*Spaziergang*
promettre	*versprechen*
prononcer	*aussprechen*
proposer	*vorschlagen*
propre	*sauber*
propriétaire [m/f]	*Besitzer*in*
protéger	*schützen*
protester contre qc/qn	*gegen etw. protestieren*
prouver qc	*etw. beweisen*
province [f]	*Provinz*
prudent, e	*klug, vorsichtig*
pub(licité) [f]	*Werbung*
public, publique	*öffentlich*
publier	*veröffentlichen*
puis	*dann*
pull(-over) [m]	*Pullover*
punir	*bestrafen*
qu'est-ce que?	*was? [Objekt]*
qu'est-ce qui?	*was? [Subjekt]*
quai [m]	*Bahnsteig*
qualité [f]	*Qualität*
quand?	*wann?*
quantité [f]	*Menge*
quarante	*vierzig*
quart [m]	*ein Viertel*
quartier [m]	*(Stadt-)Viertel*
quatorze	*vierzehn*
quatre	*vier*
quatre-vingt-dix	*neunzig*
quatre-vingt-onze	*einundneunzig*
quatre-vingts	*achtzig*

Français	Deutsch
quatre-vingt-un	*einundachtzig*
quelquefois	*manchmal*
quelques	*einige*
question [f]	*Frage*
qui ?	*wer? [Subjekt]*
qui est-ce que ?	*wen? [Objekt]*
quinze	*fünfzehn*
quitter	*verlassen*
racine [f]	*Wurzel*
raconter	*erzählen*
radio [f]	*Radio*
raison [f]	*Vernunft, Grund*
ramasser	*aufheben*
ranger	*aufräumen*
rapide [adj.]	*schnell*
rarement	*selten*
rater qc	*nicht bestehen*
rayon [m]	*Strahl*
réagir	*reagieren*
recette [f]	*Rezept*
recevoir qc	*etw. erhalten, bekommen*
rédiger	*verfassen*
redoubler	*wiederholen*
réfléchir	*überlegen, nachdenken*
regarder qc/qn	*etw./jdn. anschauen*
région [f]	*Gegend, Region*
régner	*herrschen*
reine [f]	*Königin*
relation [f]	*Beziehung*
religion [f]	*Religion*
remplacer qn	*jdn. ersetzen*
rencontre [f]	*Treffen, Begegung*
rencontrer qn	*jdn. treffen*
rendez-vous [m]	*Verabredung, Termin*
rendre	*herausgeben*
renoncer à qc	*auf etw. verzichten*
renseigner	*sich erkundigen*

Français	Deutsch
rentrée [f]	*[Wiederbeginn des Unterrichts nach den großen Ferien]*
rentrer qc	*etw. hineinbringen*
renverser	*umstoßen, umstürzen*
réparer	*reparieren*
repas [m]	*Essen*
répéter	*wiederholen*
répondre à qn	*jdm. antworten*
réponse [f]	*Antwort*
réseau, x [m]	*Netz*
réserver	*reservieren*
résistance [f]	*Widerstand*
respecter qn/qc	*respektieren*
responsable	*verantwortlich*
restaurant [m]	*Restaurant*
rester	*(übrig-)bleiben*
résultat [m]	*Ergebnis*
retard [m]	*Verspätung*
réussir à qc	*bestehen*
rêve [m]	*Traum*
réveil [m]	*Wecker*
rêver	*träumen*
réviser qc	*wiederholen*
revue [f]	*Zeitschrift*
rez-de-chaussée [m]	*Erdgeschoss*
riche	*reich*
rire	*lachen*
risquer qc	*etw. riskieren*
rivière [f]	*Fluss, Bach*
riz [m]	*Reis*
robe [f]	*Kleid*
rocher [m]	*Fels*
roi [m]	*König*
roman [m]	*Roman*
rouge	*rot*
rouler	*fahren*
route [f]	*Straße [außerorts]*

Français	Deutsch
rue [f]	*Straße [innerorts]*
russe	*russisch*
Russie [f]	*Russland*
s'adresser à qn	*sich an jdn. wenden*
s'amuser	*sich amüsieren*
s'appeler	*heißen*
s'approcher	*näher kommen*
s'arrêter	*anhalten*
s'endormir	*einschlafen*
s'engager pour	*sich einsetzen für*
s'ennuyer	*sich langweilen*
s'entendre avec qn	*sich mit jdm. verstehen*
s'entrainer	*trainieren [intr.]*
s'excuser	*sich entschuldigen*
s'habiller	*sich anziehen*
s'habituer à qc	*sich gewöhnen an*
s'imaginer qc	*sich etw. vorstellen, einbilden*
s'intéresser à qc	*sich für etw. interessieren*
s'occuper de qc	*sich um etw. kümmern*
sable [m]	*Sand*
sac [m]	*Tasche*
sac à dos [m]	*Rucksack*
saison [f]	*Jahreszeit*
salade [f]	*Salat*
sale	*schmutzig*
salle [f]	*Saal*
salle à manger [f]	*Esszimmer*
salle de bains [f]	*Badezimmer*
salle de classe [f]	*Klassenzimmer*
salle de séjour [f]	*Wohnzimmer*
samedi [m]	*Samstag*
sang [m]	*Blut*
sans	*ohne*
santé [f]	*Gesundheit*
saucisse [f]	*Würstchen*

Français	Deutsch
sauf	*außer*
sauter	*(über-)springen*
sauvage	*wild*
sauver	*retten*
savoir faire qc	*etw. können, beherrschen*
scène [f]	*Bühne*
science [f]	*Wissenschaft*
se baigner	*baden*
se cacher	*sich verstecken*
se casser qc	*sich etw. brechen*
se comprendre	*sich verstehen*
se débrouiller	*(allein) zurecht-kommen*
se disputer	*sich streiten*
se faire bronzer	*sich bräunen lassen*
se lever	*aufstehen*
se maquiller	*sich schminken*
se mettre à table	*sich an den Tisch setzen*
se moquer de qn	*sich über jdn. lustig machen*
se passer	*verlaufen*
se préparer	*sich vorbereiten*
se présenter	*sich vorstellen*
se promener	*spazieren gehen*
se rappeler qc	*sich an etw. erinnern*
se reposer	*sich ausruhen*
se réveiller	*aufwachen*
se sentir	*sich fühlen*
se séparer	*sich trennen*
se souvenir de qc	*sich an etw. erinnern*
se tromper	*sich irren*
sec, sèche	*trocken*
seconde [f]	*Sekunde*
secours [m]	*Rettung, Hilfe*
secret [m]	*Geheimnis*
secrétaire [m/f]	*Sekretär*in*
secrétariat [m]	*Sekretariat*

Français	Deutsch
seize	*sechszehn*
séjour [m]	*Aufenthalt*
sel [m]	*Salz*
semaine [f]	*Woche*
sens [m]	*Richtung*
sentiment [m]	*Gefühl*
sentir	*fühlen, riechen*
sept	*sieben*
septembre [m]	*September*
sérieux, -se	*ernst*
serpent [m]	*Schlange*
serviette [f]	*Handtuch*
seul, e	*allein, einsam*
sévère	*streng*
siècle [m]	*Jahrhundert*
signature [f]	*Unterschrift*
silence [m]	*Schweigen*
site [m]	*(Internet-)Seite; Gebiet, Gegend*
situé, e	*gelegen*
six	*sechs*
smartphone [m]	*Smartphone*
société [f]	*Gesellschaft*
sœur [f]	*Schwester*
soif [f]	*Durst*
soigner	*heilen, pflegen*
soir [m]	*Abend*
soirée [f]	*Abend [im Verlauf]*
soixante	*sechzig*
soixante-dix	*siebzig*
soixante-et-onze	*einundsiebzig*
sol [m]	*Fußboden; Boden*
soleil [m]	*Sonne*
solitude [f]	*Einsamkeit*
solution [f]	*Lösung*
sombre	*dunkel*
sommeil [m]	*Schlaf*
sondage [m]	*Umfrage*
sonner	*läuten, klingeln*

Français	Deutsch
sortir	*(hin-)ausgehen*
sortir de table	*vom Tisch aufstehen*
sortir qc	*etw. hinausbringen*
souci [m]	*Sorge*
souffler	*wehen, blasen*
soupe [f]	*Suppe*
sourire	*lächeln*
sous	*unter*
souvenir [m]	*Erinnerung, Andenken*
souvent	*oft*
spectacle [m]	*Vorstellung, Darbietung*
spectateur, -trice [m/f]	*Zuschauer*in*
sport [m]	*Sport*
sport d'hiver [m]	*Wintersport(art)*
sportif, -ve	*sportlich, Sport-*
stade [m]	*Stadion*
station-service [f]	*Tankstelle*
stylo [m]	*Füller*
succès [m]	*Erfolg*
sucre [m]	*Zucker*
sud [m]	*Süden*
suisse	*schweizerisch*
Suisse [f]	*Schweiz*
suivre	*folgen*
supermarché [m]	*Supermarkt*
sur	*auf*
surprendre	*überraschen*
surprise [f]	*Überraschung*
sympa(thique)	*sympathisch*
table [f]	*Tisch*
tableau, x [m]	*Tafel*
tablette [f]	*Tablet*
taille [f]	*Größe*
tante [f]	*Tante*
tard	*spät*
tarte [f]	*Torte, Obstkuchen*

Français	Deutsch
tasse [f]	*Tasse*
taxi [m]	*Taxi*
télé [f]	*Fernseher*
téléphone [m]	*Telefon*
téléphone portable [m]	*Handy*
téléphoner	*telefonieren*
témoin [m]	*Zeuge, Zeugin*
température [f]	*Temperatur*
tempête [f]	*Sturm*
temps [m]	*Wetter*
tennis [m]	*Tennis*
tennis de table [m]	*Tischtennis*
tente [f]	*Zelt*
terrain [m]	*Gelände, Platz*
terrain de camping [m]	*Campingplatz*
terre [f]	*Erde*
terrible	*schrecklich*
tête [f]	*Kopf*
texte [m]	*Text*
thé [m]	*Tee*
théâtre [m]	*Theater*
ticket [m]	*Fahrkarte, Ticket*
tiers [m]	*ein Drittel*
timbre [m]	*Briefmarke*
timide	*schüchtern*
toit [m]	*Dach*
tomate [f]	*Tomate*
tomber	*fallen*
tonnerre [m]	*Donner*
tortue [f]	*Schildkröte*
tôt	*früh*
toucher	*berühren*
tour [f]	*Turm*
touriste [m/f]	*Tourist*in*
tout de suite	*sofort*
tout droit	*geradeaus*

Français	Deutsch
traduction [f]	*Übersetzung*
traduire qc	*etw. übersetzen*
train [m]	*Zug*
trajet [m]	*(Weg-)Strecke*
tram(way) [m]	*Straßenbahn, Tram*
travail, -aux [m]	*Arbeit*
travailler	*arbeiten*
traverser	*überqueren, durchfahren*
treize	*dreizehn*
tremblement de terre [m]	*Erdbeben*
trente	*dreißig*
triangle [m]	*Dreieck*
triste	*traurig*
trois	*drei*
troisième [m/f]	*dritte(r, s)*
trop (de)	*zuviel (von etw.)*
trottoir [m]	*Gehsteig*
trou [m]	*Loch*
trouver	*finden, der Meinung sein*
T-shirt [m]	*T-Shirt*
tuer	*töten*
Tunisie [f]	*Tunesien*
turc, turque	*türkisch*
Turquie [f]	*Türkei*
un	*eins*
un tas de	*eine Menge von*
une demi-heure	*eine halbe Stunde*
université [f]	*Universität*
usine [f]	*Fabrik*
utile	*nützlich*
vacances [f/pl]	*Ferien, Urlaub*
vache [f]	*Kuh*
vague [f]	*Welle*
valise [f]	*Koffer*
vallée [f]	*Tal*
vélo [m]	*Fahrrad*

Français	Deutsch
vendeur, -euse [m/f]	*Verkäufer*in*
vendre	*verkaufen*
vendredi [m]	*Freitag*
venir de faire qc	*gerade etw. getan haben*
vent [m]	*Wind*
ventre [m]	*Bauch*
vérité [f]	*Wahrheit*
verre [m]	*Glas*
vers	*hin, zu, auf*
vert, e	*grün*
veste [f]	*Jacke*
vêtement [m]	*Kleidungsstück*
vétérinaire [m/f]	*Tierarzt, -ärztin*
viande [f]	*Fleisch*
victime [f]	*Opfer*
victoire [f]	*Sieg*
vide	*leer*
vie [f]	*Leben*
vieux, vieil, le	*alt*
vif, -ve	*lebhaft; kräftig*
vignoble [m]	*Weinberg*
village [m]	*Dorf*
ville [f]	*Stadt*
ville jumelée [f]	*Partnerstadt*
vin [m]	*Wein*
vingt	*zwanzig*
vingt-deux	*zweiundzwanzig*
vingt-et-un	*einundzwanzig*
vingt-trois	*dreiundzwanzig*
violence [f]	*Gewalt*

Français	Deutsch
violent, e	*gewalttätig, gewaltsam*
violon [m]	*Geige*
virage [m]	*Kurve*
virgule [f]	*Komma*
visite [f]	*Besuch*
visiter	*besuchen, besichtigen*
vite [adv.]	*schnell*
vitesse [f]	*Geschwindigkeit*
vitrine [f]	*Schaufenster*
vivre	*leben*
vocabulaire [m]	*Wortschatz*
voie [f]	*Spur, Gleis*
voir	*sehen*
voisin, e [m/f]	*Nachbar*in*
voiture [f]	*Auto, Pkw*
voix [f]	*Stimme*
vol [m]	*Flug*
volcan [m]	*Vulkan*
voler	*stehlen*
voleur [m]	*Dieb*
voleuse [f]	*Diebin*
voter contre qc/qn	*gegen etw./jdn. stimmen*
voter pour qc/qn	*für etw./jdn. stimmen*
voyage [m]	*Reise*
voyager	*reisen*
vrai, e	*wahr*
W.-C. [m]	*WC*
weekend [m]	*Wochenende*
zéro	*null*

PRÜFUNGS-ANGST

STOPP DIE PANIK

Mit der Fußsohlen-Methode

Prüfungen können Angst- und Fluchtsituationen sein. Dein Körper schüttet Adrenalin aus und dämpft das Gefühl in den Füßen. Z. B. beim Weglaufen ist es gut, wenn man die Füße nicht spürt. Eine Prüfung ist aber **keine Gefahrensituation**. Signalisiere deinem Körper, dass du nicht weglaufen musst, und bring das Gefühl in deine Füße zurück:

Setze oder stelle dich hin.
Die Füße müssen den **Boden** berühren.

Schließe jetzt deine Augen und **denke** dich in deine Füße hinein.

Fahre in Gedanken um die **Fersen**.

Spüre den **Druck** auf dem Boden.

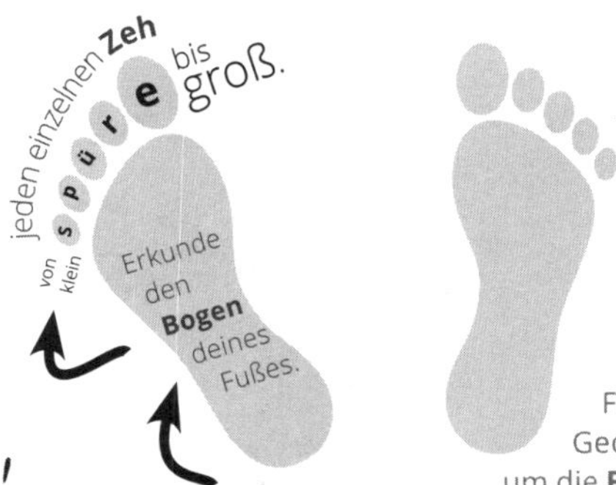

Dein Körper **fühlt** die Füße wieder und denkt, er sei in keiner Panik-Situation, sondern in **Sicherheit**.

Eure Lern**tipps** aus der Insta-Community

Chiara, 16

Verwendet Farben zum Lernen! Es wird viel übersichtlicher. Und wenn man den Lernzettel anschaut, ist man viel motivierter beim Lernen, weil er schön bunt ist.

Özgür, 20

Vergiss nicht, wie weit du bisher gekommen bist, und wie viel Potenzial in dir steckt.

Miriam, 18

Bewusst eine Auszeit zu nehmen ist effektiver, als alles nur aufzuschieben.